À Michelle et Jean-René,

Réalisez vos rêves...

Everest

Rêve ou destin?

Dans la même collection

Le Guide du plein au Québec, 500 destinations quatre saisons. 2006

Maxime Jean

Everest

Rêve ou destin?

Avec la participation du Dr Pascal Daleau pour le texte « Le mal des montagnes et les changements physiologiques en altitude extrême ».

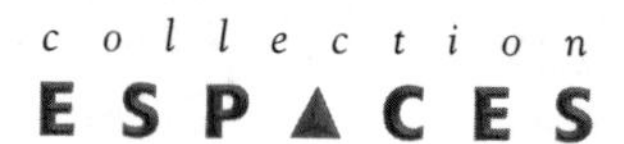

Conception graphique : Empreinte numérique

Photo couverture © Maxime Jean : Everest, vue vers le bas à partir du sommet

www.espaces.qc.ca

Dépôt légal - Bibliothèque et Archives nationales du Québec, 2006.
ISBN-10 : 2-922728-04-9
ISBN-13 : 978-2-922728-04-0
4e trimestre 2006

Site Internet officiel de Maxime Jean (information sur ses conférences et expéditions)
www.maximejean.com

À Hélène, ma conjointe, et à Julien et Gabrielle, mes enfants.

Prologue

Il est parfois difficile de cerner ce qui nous motive dans la vie, ce qui nous pousse à aller plus loin que nos rêves les plus audacieux. Sans doute un mélange de plusieurs éléments : capacités personnelles, éléments extérieurs, un peu de chance peut-être. Mais le facteur déterminant est sans équivoque la détermination. Car de sa chambre à coucher au sommet de son rêve, les embûches, les déceptions et les tunnels sans lumière sont nombreux. Dans mon cas, les obstacles n'ont jamais été assez forts pour détourner mon objectif final : toucher la cime de l'Everest. Ce livre rend hommage à une équipe fantastique intimement impliquée dans cette réussite. Il est aussi, et peut-être surtout, un souvenir tangible pour ma famille, dont le soutien a été déterminant.

L'ascension de l'Everest a été une obsession. Ma vie a été entièrement orientée vers cet objectif. J'ai débuté l'escalade dans le seul but d'aller un jour gravir l'Everest. J'ai dévoré tous les récits sur ce sommet mythique, par intérêt, mais aussi pour y trouver l'information pertinente à la réalisation de mon rêve, un rêve que j'ai toujours cru être de mon destin. Quand on me demande ce qu'il faut faire lorsqu'un désir devient une obsession, ma réponse est simple : il faut le réaliser !

Je m'estime chanceux car face à cette obsession, j'étais bien équipé. J'ai cru, à tort ou à raison, avoir tout ce qu'il fallait pour réussir : la forme physique, la connaissance des montagnes, le courage, la persévérance. Tout sauf les moyens financiers. Une expédition sur l'Everest exige de gros investissements. Nous avons frappé à de nombreuses portes, et celles qui se sont ouvertes se sont souvent tristement refermées. Plus souvent qu'autrement c'était la déception, le doute, la peur de l'échec. « Et si ça ne fonctionne pas, tout le monde le saura ! Que diront nos amis, nos connaissances, les médias ? » J'ai parfois été déçu mais jamais découragé. Et finalement, nous avons réussi. Aujourd'hui je peux vous raconter avec fierté la réussite d'une aventure : la mienne, mais aussi celle d'une équipe demeurée soudée malgré la difficulté de la tâche à accomplir et les embûches qui ont jalonné sa route. Une réussite qui nous a rendu fier d'être le trio que nous sommes encore aujourd'hui.

Au moment d'écrire ce livre, j'ai eu la chance de rencontrer Marc Batard, mon héros de jeunesse, un guide de haute montagne français au palmarès impressionnant. En 1975, première ascension du pilier sud du Gasherbrum II au Pakistan avec Yannick Seigneur. En 1986, c'est le Dhaulagiri qui est vaincu. En 1996, il gravit le Hidden Peak. En 1998, le Shisha Pangma pic central et bien d'autres premières dans les Alpes, au Pérou et ailleurs. Il est célèbre pour avoir gravi, le 27 avril 1988, le pilier ouest du Makalu en solitaire en 18 heures, le Cho-Oyu en 19 heures le 31 août, et l'Everest en 22 heures le 26 septembre. Marc Batard n'utilise jamais d'oxygène et pulvérise tous les records. Il a atteint le sommet de l'Everest en 22 heures, sans oxygène.

La lecture de ses livres et mes rencontres avec Marc Batard m'ont appris une chose essentielle dans mon cheminement d'alpiniste : prendre la décision de ne pas se rendre au sommet est plus difficile que d'atteindre le sommet en soi. Marc Batard parle du « renoncement ». En 2005, j'ai dû renoncer au sommet du Cho-Oyu en raison d'un problème d'œdème pulmonaire de Thile Nuru Sherpa, mon compagnon de cordée. Je n'étais qu'à 200 mètres de la cime. Je l'ai ressenti comme étant un échec, malgré les divers commentaires des journalistes qui parlaient de sommet d'humanisme, de l'atteinte d'un sommet plus grand que celui de la montagne en soi.

La société nous pousse à toujours vouloir gagner, sans laisser de place à l'échec. Pourtant l'échec peut se transformer en victoire si on l'utilise comme moyen d'apprentissage pour éviter de commettre les mêmes erreurs par la suite. J'admire Marc Batard pour ses prouesses sportives, mais je l'admire encore plus pour sa franchise et son humilité.

La montagne des montagnes

Quelle est cette montagne, comment expliquer son magnétisme et ce qu'elle représente ? L'Everest, le plus haut sommet de la terre, fascine les hommes. Du haut de ses 8850 mètres, cette montagne attire depuis toujours les alpinistes du monde entier et constitue souvent l'apogée d'une carrière de montagnard, l'idéal à atteindre. Même si la rareté de l'oxygène à cette hauteur en fait un lieu tout à fait inhospitalier, elle n'est pas la plus difficile d'un point de vue technique, mais elle est la plus haute.

Les Tibétains l'appellent Chomolungma et les Népalais, Sagarmatha. Nous l'appelons Everest. Peu importe le nom qu'on lui donne, elle est la plus grande, le point ultime d'où l'on contemple le monde entier. Beaucoup d'essais et peu de succès sont le lot de ceux et celles qui tentent l'Everest et plusieurs ont payé de leur vie leur tentative d'entrer dans le cercle restreint des *Everest Summiters*.

Les premières tentatives ont eu lieu du côté du Tibet sur l'arête nord et ont été conduites par les Britanniques en 1921. Des noms légendaires comme Mallory, Irvine, Norton, Somervell, Odell ont fait partie des premières expéditions. À cette époque, on connaissait mal les effets de la haute altitude sur l'organisme, et l'équipement était rudimentaire. En 1924, lors de la troisième expédition britannique sur l'Everest, Edward Felix Norton a atteint l'altitude de 8500 mètres. C'est lors de cette expédition qu'ont disparu, tout près du sommet, George Leigh Mallory et Andrew Irvine, qui sont ainsi entrés dans la légende. Leur compagnon Noel Odell les avaient aperçus, tout juste avant qu'une masse nuageuse n'enveloppe la montagne vers 8500 mètres, progressant en direction du sommet. Ont-ils atteint le point culminant de la terre ? Odell estimait en 1924 que les probabilités étaient fortes. Mais malgré des recherches sur le terrain, le mystère demeure entier.

En 1949, le Népal ouvre ses frontières alors que l'année suivante on interdit l'entrée au Tibet. En 1950, les Anglais font une brève reconnaissance du versant népalais de l'Everest, ouvrant la voie aux futures expéditions. Ils arrivent au pied de la fameuse cascade de glace de Khumbu qu'ils franchiront l'année suivante atteignant l'emplacement actuel du camp 1 à 6000 mètres d'altitude. En 1952, deux expéditions suisses ont lieu au printemps et à l'automne. Raymond Lambert et Tensing Norgay atteignent l'arête sud-est à 8500 mètres. C'est finalement le 29 mai 1953 que le Néo-Zélandais Edmund Hillary et le Népalais Tensing Norgay ont atteint le sommet tant convoité. Ils faisaient partie d'une expédition britannique dirigée par John Hunt.

Les racines du rêve

À l'âge de cinq ans, j'ai fait un dessin représentant une montagne avec un grimpeur. L'institutrice, madame Denise, y avait ajouté le mot « escalade » et une date : « 16 mai 1974 ». Est-ce un hasard, un acte inconscient de l'esprit si 30 ans après, jour pour jour, j'ai atteint le sommet du mont Everest le 16 mai 2004 ? Quand j'ai réalisé la chose, j'y ai vu un signe, et ça m'a frappé comme une avalanche en plein corps. Ce n'était pas juste une lubie ou un rêve de petit gars inspiré d'une bande dessinée. Cette conquête était prédestinée et me confirme ce que j'ai toujours pensé : nous sommes tous voués à réaliser quelque chose dans la vie, et nous pouvons influencer ce destin par nos actes et nos choix. Enfant, j'étais convaincu que j'irais sur l'Everest un jour, ce n'était qu'une question de temps.

Tout a donc commencé par un rêve fait 30 ans avant mon ascension du « Sagarmatha ». Je ne connaissais pas l'Everest à cinq ans, mais je voulais déjà escalader des montagnes. Vers l'âge de dix ans, j'ai découvert qu'il existait une montagne à la frontière du Népal et du Tibet et qu'elle était la plus haute de la planète. Je clamais haut et fort « un jour je vais escalader le mont Everest ».

C'est à cette époque que j'ai commencé à dévorer tout ce que j'ai pu trouver sur le mont Everest. Plus tard, le récit du Québécois Yves Laforest, décédé en août 2003 lors d'une expédition dans l'Ouest canadien, m'a marqué. Dans *L'Everest m'a conquis*, il parlait de ses doutes, des difficultés rencontrées, de son état de faiblesse face à la montagne. Il parlait comme un humain et non comme un super héros. Je sentais à travers l'honnêteté de son récit que je pouvais moi aussi atteindre le sommet de l'Everest puisque tout comme lui, j'étais humain.

Très jeune je grimpais à tout ce qui peut se grimper : arbres, maisons, clôtures. J'escaladais sans permission la maison familiale construite en pierre des champs avec une ribambelle d'amis. Les falaises des forêts avoisinantes nous offraient de bons lieux de pratique pour débuter et une cascade de glace nous servait de site d'entraînement. Une simple hachette comme équipement et le « Château de glace », nommé ainsi par mon ami Éric, était « vaincu ». Sans le savoir, je préparais mon avenir d'alpiniste !

Je me rappelle ma première sortie en camping d'hiver dans la forêt proche de la maison familiale. Pour passer la nuit, j'ai un sac de couchage d'été dans lequel je me glisse avec mon habit de neige. C'est tout sauf de la haute technologie ! Curieusement, mes parents m'interdisaient à cette époque de traîner dans les rues après 21 h 30, par contre ils acceptaient que je dorme dehors l'hiver sans équipement adéquat ! Merci à mes parents d'avoir été stricts pour « la rue » et très permissifs pour la nature...

Après l'obtention de mon permis de conduire, le parc des Grands-Jardins, dans la région de Charlevoix, est devenu mon terrain de jeu. Les falaises y sont nombreuses et les endroits pour s'entraîner en montagne sont remarquables. Je cumulais les excursions où l'on installe de vrais campements, été comme hiver. Ensuite, le mont Washington et le mont Katahdin, situés dans les États américains du Vermont et du Maine, sont vite devenus mes sites d'entraînements hivernaux. C'est d'ailleurs sur le mont Washington que mon ami François et moi avons été surpris par une tempête de neige, forcés de camper très haut sur la montagne par des températures de -30 °C, sans le facteur vent. Dans un souci de légèreté, nous avions emporté des sacs de couchage pour des températures beaucoup plus chaudes. Résultat : une nuit complète à grelotter en attendant le lever du soleil. Au petit matin, nous avons entrepris de gravir une pente enneigée fort inclinée. Les nuages et la neige nous empêchaient de voir le sommet de la pente, où nous soupçonnions qu'une corniche de neige barrait la sortie. Au premier tiers de la pente, une plaque de neige s'est dérobée sous nos pieds et s'est mise à glisser. Nous avons découvert avec stupeur qu'environ un demi-mètre de neige fraîche recouvrait une couche de neige plus compacte et légèrement glacée. La recette idéale pour une avalanche de plaques. Nous avons décampé sans tarder et avons renoncé au sommet.

En parallèle de ma passion pour les sommets, j'en ai entretenu une autre, pendant ma jeunesse, pour la plongée sous-marine. Sur ma table de chevet, les livres du capitaine Jacques-Yves Cousteau font concurrence à ceux des grands alpinistes. J'ai fabriqué avec Philippe, mon frère jumeau, un

« scaphandre » peu orthodoxe : une balayeuse de marque « Electrolux » en guise de compresseur et un tuyau servant à nettoyer la piscine. Ce dernier est inséré dans la sortie d'air de la balayeuse pour ainsi acheminer le précieux gaz aux plongeurs en herbe. C'est rudimentaire mais ça fonctionne ! En surface, l'air sort avec tellement de force qu'il est impossible de le respirer. Il faut être au plus creux de la piscine pour avoir la bonne pression et ainsi pouvoir y passer de longs moments. Une invention géniale à nos yeux mais qui a causé quelques soucis à nos parents...

Avant de quitter le fond de la piscine pour des abysses un peu plus variés, j'ai patienté jusqu'à 14 ans pour enfin prendre une formation. À cet âge, l'apprenti doit être accompagné d'un adulte. Mon père décide alors non seulement de m'accompagner, mais de suivre le cours, lequel s'est terminé avec quelques plongées dans le fleuve Saint-Laurent en hiver, au village les Escoumins dans la région de Charlevoix.
Avec la découverte de ce monde sous-marin, mon émerveillement est total. L'endroit est aussi coloré et varié que dans les mers du Sud. Mais ce qui me plaît autant que les fonds marins, c'est la chance d'être seul avec mon père, à l'écart de mes frères et sœurs. J'ai ainsi le privilège d'être près de celui que le travail éloignait de nous. Travailleur infatigable, homme persévérant et inspirant, respecté et respectueux, il a toujours été un modèle pour moi, car il incarnait la réussite. Comme bien des hommes de cette génération, le travail prenait une bonne partie de son temps. Par contre lorsqu'il était avec nous, sa présence était entière.

C'est sur les parois glacées des chutes Montmorency, près de la ville de Québec, que j'ai pris mon premier cours d'escalade, à la fin de l'adolescence. C'est à ce moment qu'a débuté ma vraie carrière de grimpeur avec les bonnes techniques et l'équipement adéquat. Depuis ce temps, j'ai toujours eu une préférence pour la glace, peut-être en raison de sa proximité avec la haute montagne. J'ai fait de l'escalade mon métier durant plusieurs années : j'ai donné des cours sur glace et rocher, ouvert une boutique et formé des pompiers aux manœuvres de sauvetage en hauteur à l'aide de cordes et de civières. L'escalade était mon travail, mon loisir et ma passion. Pour me donner la crédibilité que l'on obtient généralement avec l'âge – j'étais dans la jeune vingtaine –, j'avais engagé Michel, un ancien membre du groupe d'intervention tactique de la Sûreté du Québec, et Guy, un ambulancier spécialisé dans le sauvetage.

La passion, c'est une sacrée belle vertu ! Elle me donne des ailes, me permet de me dépasser et d'atteindre des sommets qui peuvent sembler inaccessibles. Si, de mon père, j'ai acquis la ténacité, c'est de ma mère qu'origine mon côté rêveur. Artiste dans l'âme et dans le geste, elle a su me transmettre son esprit imaginatif et m'encourager dans mes passions. Rêver, c'est bien, mais réaliser ses rêves, c'est encore mieux.

Vers l'âge de 20 ans, je me suis enrôlé dans les Forces armées canadiennes et suis parti pour l'Ouest canadien. À cette époque, je cherchais un sens à ma vie. Je sentais que l'armée pouvait me permettre de me dépasser, de me réaliser. J'avais débuté l'université en sciences politiques et je savais que je n'y étais pas à ma place, qu'il fallait que je trouve autre chose. Grâce à l'armée, je découvre les Rocheuses canadiennes et cela renforce mon goût pour la haute montagne. Même si je n'ai pas eu beaucoup de temps pour explorer les environs, j'ai fait de belles expéditions dont je garde un très bon souvenir.

De retour au Québec après deux années de service, j'ai entrepris des études universitaires en administration des affaires. C'est à cette période que j'ai rencontré Yves Laforest, le premier Québécois ayant atteint le sommet de l'Everest le 15 mai 1991. Pour la première fois, j'avais devant moi un alpiniste qui avait gravi le plus haut sommet de la terre. Par-dessus tout, c'était un homme qui grimpait pour lui-même et non pour la gloire ou l'exploit sportif. Je pouvais le questionner, lui demander conseil. Yves parlait peu, mais lorsqu'il ouvrait la bouche, ses propos étaient intelligents et réfléchis.

Dans son livre *L'Everest m'a conquis*, j'ai découvert un héros qui avait des peurs, des doutes, des appréhensions; c'était un alpiniste à qui je pouvais m'identifier. Les récits d'expéditions alpines des années 1920, 1950 ou 1970 abordaient rarement les peurs et les sentiments des aventuriers. Je me disais que s'ils n'avaient jamais peur, peut-être alors que je n'étais pas fait pour ce type d'aventure. Yves Laforest et l'avenir allaient me prouver le contraire.

Après mes études, je me trouve un emploi de directeur des comptes aux entreprises chez Desjardins. Pour la première fois, mon travail m'éloigne de ma passion, de mes montagnes. Je gagne bien ma vie et j'embarque dans une spirale où l'on doit normalement être heureux de bâtir sa carrière et son futur. Je sens un malaise et je fais volontairement la sourde oreille jusqu'à ce que le destin me rattrape. Entouré de néons et de béton, étouffé par quatre murs, j'ai besoin d'espace et je veux le soleil comme lumière. Je me sens comme une voiture dont les roues ne sont pas alignées : j'avance mais je m'use ! J'étais sur une voie qui n'était pas la mienne. Entre deux colonnes de chiffres, je regardais avec envie un homme qui à chaque semaine, venait tondre le gazon sur le terrain voisin de l'endroit où je travaillais. Bref, j'avais un problème et je devais le résoudre, peu importe le prix. J'ai alors donné ma démission. Adieu carrière, sécurité d'emploi, fonds de pension et avantages sociaux. Mon entourage m'a fait douté un instant de la justesse de ma décision. Ils étaient si nombreux à penser la même chose, que je me suis demandé si je ne faisais pas fausse route en quittant mon travail. Je venais de tout bousiller, de mettre le point final à une belle carrière. L'avenir allait me prouver que j'avais fait le bon choix.

Fini les analyses comptables, les complets et les cravates. Les années qui allaient suivre seraient désormais consacrer à nourrir ma passion pour la montagne. Les comptes allaient être payés grâce à la création d'une entreprise de restauration de bateaux. Mais ça, c'est une autre aventure…

Le Projet

Une expédition au mont Everest, ce n'est pas comme pour une sortie au cinéma, ça ne s'improvise pas. Deux années de préparation ont été nécessaires pour mener à terme le projet. La difficulté majeure : trouver des commanditaires intéressés à nous donner 250 000 $ pour grimper une montagne située à l'autre bout du monde. L'avantage de l'Everest c'est que c'est un sommet connu de tout et chacun. Imaginons un instant la tâche d'avoir à chercher du financement pour aller gravir le Kangchenjunga. Les commanditaires potentiels répéteraient à coup sûr « Kangchen... quoi ? » Pourtant, avec ses 8586 mètres, cette montagne est la troisième au rang mondial. Une preuve de plus que dans ce monde, on ne vise souvent que la première place et rien d'autre.
Lorsque j'étais directeur des comptes entreprises, j'avais rencontré un nageur lors d'un dîner organisé par la chambre de commerce locale. Ce qui m'avait frappé chez cet athlète, au-delà de ses prouesses sportives, c'est qu'il avait beaucoup de mal à trouver des commanditaires pour l'aider à payer les frais associés à son entraînement. Il n'était, disait-il, « que » sixième au rang mondial. C'est ahurissant! Sixième au monde et ça ne comptait pratiquement pas!

Une société aux valeurs mieux équilibrées prioriserait le travail bien fait, la détermination, l'entraide, la persévérance. Nul besoin d'être premier pour atteindre un sommet. On peut travailler fort toute sa vie et être 200e au monde, mais si on considère les efforts investis, ça mérite aussi une médaille. Après mon expédition sur l'Everest, lors de l'une de mes conférences, une femme est venue me raconter son ascension du Kilimandjaro, le plus haut sommet du continent africain. « C'est loin d'être comme l'Everest » disait-elle, souhaitant ainsi minimiser son ascension. Pourtant, comme c'était son premier sommet et qu'elle avait peu d'expérience de la montagne, son ascension avait probablement été aussi difficile physiquement pour elle que l'Everest pour moi, considérant mes expériences et ma forme physique. Elle avait réalisé son Everest à elle et méritait pleinement sa médaille.

Deux années presque complètes ont été nécessaires pour financer notre expédition. Pour y arriver, nous nous sommes impliqués à plusieurs niveaux afin de nous faire connaître : émissions de radio et de télévision, rencontres promotionnelles, événements sportifs et bien d'autres. Ces démarches n'ont pas toujours été fructueuses mais, avec du recul, je considère cette persévérance comme une expérience bénéfique. On apprend beaucoup plus dans la difficulté, et lorsqu'on persévère, on repousse les limites.

Si l'argent est important, ça ne conduit pas pour autant au sommet. Avant de partir, il faut connaître et maîtriser la technique d'acclimatation nécessaire pour accéder à la haute montagne. Nous avons eu la chance de recevoir une formation spécifiquement élaborée pour nous par le docteur Pascal Dalleau, professeur à l'Université Laval et chercheur à l'Institut de cardiologie de Québec. Il nous a enseigné comment prévenir, diagnostiquer et soigner les maux causés par le manque d'oxygène et principalement les œdèmes pulmonaires et cérébraux, qui sont les plus graves. Des connaissances vitales à maîtriser avant de s'aventurer en haute altitude.

Situé à la frontière du Népal et du Tibet, l'Everest est à 8850 mètres d'altitude. Le toit du monde est généralement gravi avec la technique himalayenne qui consiste à faire des camps où est déposé du matériel de plus en plus haut sur la montagne. Cette technique permet d'acheminer l'équipement et de s'acclimater au manque d'oxygène. L'humain n'est pas conçu pour vivre à une telle hauteur. Pour y demeurer un court laps de temps, il faut permettre à son corps de produire plus de globules rouges dans le sang pour accroître la capacité de transport d'oxygène vers les tissus, muscles et organes. Ce qui exige temps et énergie. Outre le camp de base, quatre camps sont aménagés sur la montagne jusqu'à une altitude de 8000 mètres, d'où l'assaut final vers le sommet est lancé. Dans notre cas, nous prendrons six semaines pour aménager les camps et gagner de l'altitude en nous acclimatant.

Gravir l'Everest signifie la réalisation d'un rêve, c'est marcher dans les pas de mes héros de jeunesse. Je veux voir et ressentir ce qu'ils ont vécu même si je sais pertinemment que je vais devoir souffrir pour y arriver. Je veux savoir si je suis capable de le faire, capable de relever le défi que représente l'ascension de la plus haute montagne de la terre. La détermination et la conviction sont des éléments essentiels à la réussite de grandes aventures et l'Everest n'y fait pas exception. Il faut être convaincu de pouvoir y arriver, convaincu que le projet fonctionnera, et convaincre les autres d'embarquer dans l'aventure. La détermination est essentielle parce qu'il est facile, voire tentant, de baisser les bras lorsqu'il y a des difficultés, lesquelles sont toujours présentes.

L'Atlantique

En 1995, j'ai initié un oncle à l'escalade. Pour sa première aventure à la verticale, je l'ai emmené gravir les 134 mètres qui mènent directement au mont de l'Ours dans le parc des Grands-Jardins, dans la région de Charlevoix. Superbe ascension à flanc de montagne avec une vue splendide sur la vallée. Pour me remercier, il m'a invité à faire de la voile sur le fleuve Saint-Laurent lors d'une régate organisée par un club local. Il me parlait souvent de ses escapades en voilier et j'avais vraiment envie d'en savoir plus. J'ai rapidement découvert une autre passion qui a des points communs avec la montagne. Sur un voilier, il faut composer avec les éléments, tout comme sur la montagne. On ne lutte pas contre la nature mais on fait corps avec elle, car c'est elle qui décide de la marche à suivre. Avec le temps, la voile est devenue mon deuxième *hobby*. Plus tard, j'ai été instructeur puis capitaine lors de sortie de groupe, et j'ai navigué sur l'Atlantique. Je n'avais pas les moyens de m'acheter ou même de louer un bateau, cette façon de faire m'a permis de naviguer et de prendre de l'expérience. C'est ce qu'on appelle amicalement le « BDA », le bateau des autres.

J'ai fait une traversée entre Sydney en Nouvelle-Écosse et les Açores au large du Portugal en 2002. Une traversée de l'Atlantique en voilier ressemble beaucoup à l'ascension d'une haute montagne. On doit tenir compte de la route à suivre, de la météo, de l'équipement, de l'équipe et être parés à affronter toutes sortes de situations. On renonce à son confort, à son individualisme et à nos petites habitudes pour de longues périodes. C'est l'équipe et le but à atteindre qui comptent. Mais, entre la mer et la montagne, il y a des différences.

Au milieu de l'Atlantique, on est pris au piège, il n'y a aucune sortie de secours. Sur la montagne, on peut redescendre si la météo se dégrade ou si on se sent mal. Au milieu de l'Atlantique Nord, le port le plus proche peut être à deux semaines de navigation. Si j'avais à choisir entre une tempête en montagne ou en mer, je choisirais la montagne.

J'ai hésité à faire cette traversée puisque je travaille déjà sur le projet de l'Everest et que mes deux futurs compagnons de montagne partent s'exercer en Amérique du Sud. J'ai peur de manquer quelque chose d'important, de manquer le bateau. Mais comme on comptait sur moi pour la traversée, je suis parti en mer et je ne l'ai pas regretté. J'ai quitté ma famille le 30 juin 2002 pour me rendre à Sydney sur l'île du Cap-Breton en Nouvelle-Écosse où le bateau nous attend. Un voilier en acier de 33 pieds modèle « Chatam » de l'architecte Karoff. Je connais le capitaine, Fernand, puisque nous fréquentons tous deux la marina de Lévis. Les deux autres membres d'équipage sont Pierre, le fils de Fernand, et Martin, son neveu. C'est seulement lors du trajet en voiture vers la Nouvelle-Écosse que je fais la connaissance de ces derniers, ce qui me cause une certaine inquiétude. Je suis l'intrus du groupe et une fois parti, aucune possibilité de se sauver ! Mais après 11 heures de voiture mes doutes se dissipent, car je découvre deux mordus de voile qui partagent les mêmes valeurs que moi : intégrité, respect des autres, patience, générosité, solidarité.

Après avoir obtenu des prévisions maritimes favorables du paquebot Rotterdam et fait une épicerie monstre, nous larguons les amarres et disons au revoir au Royal Cape Breton Yacht Club qui est désert en ce 3 juillet. J'ai téléphoné une dernière fois à Hélène, la femme de ma vie, car je ne pourrai pas lui reparler avant la fin du mois de juillet, aux Açores, au large du Portugal. Vers 18 h nous coupons le moteur, réglons les voiles et nous nous préparons à passer notre première nuit en mer. Des quarts de nuit sont prévus de 20 h à 8 h à raison de quatre heures par quart en équipe de deux. La première nuit s'annonce mouvementée avec des vents de 20 nœuds à l'allure du près, ce qui signifie que le vent vient de 30 degrés sur l'avant et que le bateau tangue beaucoup.
J'étais comblé et rassuré d'avoir opté pour la traversée de l'Atlantique, qui s'est avérée être une bonne décision. J'étais fier d'être sur un voilier en route pour l'Europe.

Mais lors de la nuit suivante, la fierté s'est transformée en peur lorsque nous avons aperçu une ligne d'orage sur le radar à six milles, à l'arrière, qui se rapprochait. Nous avions déjà vécu des grains en mer mais comme c'est notre première traversée de l'Atlantique, l'engagement est plus important et,

avouons-le, nous étions nerveux. Sur un bateau, on est prisonnier. Alors quand arrive la tempête, impossible de fuir, on doit l'affronter et se préparer. On met les imperméables, les harnais de sécurité qui nous « attachent » au bateau, on arrime tout ce qui est susceptible de bouger dans le bateau et on enfile les vestes de sauvetage autogonflantes. Et on attend.
Fausse alerte ! À notre soulagement, l'orage change de direction. Tant mieux, car en pleine nuit, avec comme seule lumière les éclairs et le fracas des vagues, les risques sont grands. La nuit se poursuit, tel un spectacle sons et lumières que l'on observe attentivement, de loin.

Au petit matin, nous croisons un navire de recherche qui nous informe par radio que la température sera stable pour les prochaines 48 heures. Une info précieuse car malgré de nombreux tests avant le départ, notre radio, qui sert normalement à recevoir des bulletins météo, n'a jamais fonctionné !
Sur les côtes de Terre-Neuve, en plein brouillard, le vent nous force à rester au nord, trop au nord. Si la tendance se maintient, nous serons dans deux jours à un point appelé « Flemish Cap », exactement là où se situe l'action du film *La Tempête*. Ce film raconte l'histoire véridique du naufrage d'un bateau de pêche pris au cœur d'une tempête où les vagues peuvent faire jusqu'à 30 mètres de hauteur.
La profondeur de l'Atlantique Nord peut atteindre 10 000 pieds à certains endroits. Mais sur le littoral de Terre- Neuve, la situation est tout autre en raison des hauts-fonds qui « remontent » très rapidement pour atteindre environ 100 pieds. Ce changement brusque provoque un déferlement de vagues et rend la navigation extrêmement périlleuse.

Le 7 juillet, cinquième journée en mer. Le vent s'est élevé depuis hier soir mais nous pouvons enfin faire route plus au sud, ce qui devrait nous éloigner des côtes de Terre-Neuve, du brouillard et des vagues dangereuses. Ma femme et mes enfants me manquent, j'ai le cafard. Moi qui n'ai jamais eu le mal de mer, le mal de l'air ou le mal des montagnes, j'ai vomi. Cela n'a duré que quelques minutes, mais j'ai eu peur. Je me voyais malade pour le reste de la traversée en suppliant mes amis de me jeter à la mer. Le mal de mer est sournois, personne n'est à l'abri. Quand les trois « F » – faim, fatigue et froid – sont réunis, il faut faire gaffe !

Le 11 juillet, le vent s'est élevé à plus de 20 nœuds, ce qui a brisé l'enrouleur de voile à l'avant. Quelqu'un doit monter en haut du mât dans des vagues de 15 pieds, en plein milieu de l'Atlantique. Devinant que les hauteurs ne m'intimident pas trop, l'équipage me désigne volontaire pour cette délicate besogne ! En haut du mât, avec le roulis des vagues, l'effet de balancier est extrême. J'ai noté dans mon carnet de notes : « À l'avenir, j'éviterai ce genre d'acrobatie, si possible » !

La mer gronde encore plus le lendemain. Avec un vent de plus de 30 nœuds et des vagues de 20 pieds, on affale la voile d'avant et on prend deux ris dans la grand voile. (Prendre des ris consiste à abaisser des sections de voile pour en réduire la surface.) En plein milieu de l'Atlantique, au gré des courants, nous croisons des tortues de mer aussi grosses qu'un couvert de poubelle ! Nous repérons également des dauphins différents de ceux aperçus lors des jours précédents.

Les dernières journées ont été mouvementées avec des vents forts et des vagues de 20 pieds. Deux jours avant l'arrivée, c'est au tour du pilote automatique de rendre l'âme. Cet appareil électrique pilote le bateau et nous permet de vaquer à d'autres occupations. À notre départ de Sydney, nous utilisions un système de pilote automatique sans électricité appelé régulateur d'allure. Mais ce dernier s'est aussi cassé en deux après quelques jours seulement ! Bref, comme tous bons marins, nous avons barré le bateau nous-mêmes.

Seize jours après notre départ, l'île de Faial, dans l'archipel portugais des Açores, est en vue ! Nous allons toucher terre dans la magnifique ville de Horta, et dans quelques heures je pourrai parler à Hélène, enfin. Quel bonheur ! L'odeur de la terre, après un séjour en mer, est un parfum sublime que nos narines reniflent avec plaisir. Terre, terre, terre, il n'y a rien d'autre à dire.

Avec du recul, je peux affirmer que la traversée de l'Atlantique m'a préparé à affronter l'ascension du mont Everest. L'épreuve est différente, mais les valeurs fondamentales nécessaires à la réussite sont les mêmes. Le travail d'équipe, une bonne préparation, un équipement adéquat, la camaraderie et la bonne humeur nous ont permis de réaliser cette traversée et de surmonter les difficultés propres à la mer.

Everest en 2003 : la reconnaissance

L'année 2003 devait être celle de l'expédition sur l'Everest. Mais faute d'avoir réuni le financement requis elle est devenue celle de la reconnaissance. Nous ne le savions pas encore, mais cette contrainte allait contribuer à la réussite de notre ascension de la plus haute montagne de la planète. La vue de l'Everest n'a fait que renforcer mon désir d'atteindre son sommet. Le rêve doit devenir réalité et je dois y consacrer toute mon énergie si je veux réussir. La reconnaissance du terrain fait partie d'une bonne préparation.

Je me souviens très bien de ma première rencontre avec Mario Dutil, mon partenaire de cordée. C'était à l'hiver 2003 et je travaillais sous une immense cabane de toile en train de restaurer un voilier de 38 pieds. C'est couvert de poussière que j'ai serré la main à Mario et nous avons aussitôt parlé de montagnes, de son voyage prévu au Pérou, de l'Everest. J'étais devant un homme qui avait les mêmes rêves, les mêmes aspirations que moi. Il y avait de la détermination et de la passion dans son regard lorsqu'il parlait de montagnes et principalement lorsqu'il mentionnait l'Everest. On a vite compris que nous étions faits pour nous entendre.

Marié, père de deux enfants, Mario est aussi grand-père de trois petits enfants. C'est un passionné de la montagne qui n'en est pas à ses premières conquêtes. Les monts Alpamayo au Pérou, Aconcagua en Argentine et McKinley en Alaska sont tous des réussites pour lui. Au fil du temps, nous avons développé une complicité qui nous permet de nous comprendre sans nous parler, comme un vieux couple. Une complicité qui est née de notre expérience sur l'Everest. Avoir vécu la peur, la souffrance, la joie, le doute et la victoire nous a permis de nous connaître comme si nous avions été partenaires depuis des années.

Le projet de reconnaissance sur l'Everest est né après plusieurs rencontres. Je venais de découvrir, par l'intermédiaire d'une agence américaine, qu'il était possible de se rendre au camp 2 de l'Everest, une opportunité qu'il fallait saisir. C'est grâce à Benoit, un ami que j'ai connu lorsque je travaillais dans le milieu de l'escalade et qui avait tenté l'Everest en 2000, que j'ai fait la connaissance de Kili Sherpa. Cet affable et professionnel propriétaire d'une agence népalaise allait vite devenir un ami et une ressource inestimable pour mes expéditions himalayennes.
Plus tard j'ai rencontré Claude St-Hilaire, compagnon de cordée de Mario en Amérique du Sud. Claude, qui aime improviser, a un côté jovial, mais sa personnalité contraste avec celle de Mario, qui est très posé et organisé. Claude est père de trois jolies filles. Pour ma part, je me situe à mi-chemin entre le coté organisé de la personnalité de Mario et celui plus improvisé du caractère de Claude.

Claude est un sportif ayant pris part à de nombreux marathons et courses de canot. Sa nature relax contrebalance celle plus organisée de Mario et moi. De temps en temps, il faut lâcher prise. Claude est un compagnon hors pair avec qui j'ai eu beaucoup de plaisir durant les expéditions. Il est le moins expérimenté des trois puisqu'il n'a débuté l'escalade que cinq ans avant de gravir l'Everest. Cependant, en cinq ans, il a réalisé ce que plusieurs mettent quinze années à accomplir : plusieurs sommets d'Amérique du Sud dont l'Alpamayo font parties de ses conquêtes et quelques sommets d'Afrique, comme le célèbre Kilimandjaro, point culminant du continent africain, ont été gravis. Face à l'Everest, nous étions trois personnalités qui se complétaient bien et qui fonctionnaient à merveille dans l'action. Nous venions de sceller notre destin. L'équipe était complète.

Vers la fin mars 2003, j'ai dit au revoir à ma femme et à mes enfants, et j'ai rejoint Claude et Mario dans le stationnement d'un supermarché de Québec. Quitter sa famille, ça crève le cœur. Je les aime et je suis bien en leur présence. Au fil des années, nous avons créé un nid familial où nous nous sentons bien. Je souffre de leur absence autant qu'ils souffrent de la mienne. J'ai aussi peur de ne pas revenir, de ne plus jamais les revoir. Le risque est bien réel et je ne peux l'ignorer. J'aime l'aventure mais j'aime encore plus ma famille, et j'ai la chance qu'Hélène, ma femme, m'épaule dans mes projets. En fait, c'est une condition essentielle à la réalisation de toutes mes aventures. Un pacte que bien des gens ont parfois de la difficulté à comprendre. Lors des nombreuses conférences qui ont suivi l'ascension de l'Everest, on m'a régulièrement demandé comment mon épouse pouvait me laisser partir. « C'est tellement risqué », me disait-on souvent. Au début, je tentais de me justifier et répondais du mieux que je pouvais sans toutefois avoir l'impression de convaincre les gens qu'Hélène acceptait, tout simplement, que je parte gravir les plus hauts sommets de la terre. Puis j'ai raffiné ma réponse en expliquant qu'Hélène est passionnée par la vie, la voile en particulier, et qu'elle comprend ma passion. Elle ne souhaite pas me mettre en cage et elle a pleine confiance en mes capacités et mon jugement. Voilà pourquoi « elle me laisse partir » !

Nous avons conduit jusqu'à Montréal d'où nous nous sommes envolés pour Londres, Abou Dhabi dans les Émirats arabes unis et finalement Katmandou, la capitale du Népal. À notre descente de l'avion, Kili Sherpa nous a accueillis chaleureusement et s'est empressé de nous donner des colliers faits de véritables fleurs. Un geste qui peut sembler cliché mais qui nous a touchés et mis en confiance. On tombe vite sous le charme du Népal, un pays que je considère comme ma seconde patrie.

Kili Sherpa est un homme d'affaires prospère et fiable, un statut qui découle sans doute de ses talents d'organisateur hors pair. Il a atteint le sommet de l'Everest en 2001 et se consacre depuis à la gestion des expéditions sur les plus hauts sommets de la planète. Il engage environ une vingtaine de Sherpas par année et donne du travail à beaucoup d'autres en considérant les porteurs, les cuisiniers et tous les fournisseurs. C'est un homme connu de tous et il sait utiliser ses relations lorsque c'est nécessaire, un atout dont nous bénéficierons plus tard au cours de notre expédition.

Je découvre, en même temps que mes compagnons de cordée, le pays de mes rêves, celui qui a meublé les aventures de mes héros de jeunesse. Le Népal et les Népalais sont exactement comme je les avais imaginés. En leur compagnie, on se sent en confiance, et leur attitude positive et leur sourire chaleureux sont contagieux.

Katmandou est très polluée et aucun ordre ne semble y régner. Mais on constate assez rapidement qu'elle est tout simplement régie par un ordre inconnu à nos yeux de Nord-Américains. La conduite automobile y semble assez risquée et je préfère de loin nos routes lors de tempête de neige. Mais on s'habitue à tout, car à notre retour de l'Everest, on a conduit des motos à Katmandou, et nous sommes revenus en un seul morceau !

Première approche de l'Everest

2 avril 2003. Après seulement quelques jours passés dans la capitale, nous prenons l'avion pour Lukla d'où débute la marche d'approche de l'Everest d'une durée de 10 jours. Dans la partie locale de l'aéroport international, c'est le désordre total. Les sacs sont pesés sur de vieilles balances et nous passons par une fouille très aléatoire. On enlève un coupe-ongles à un voyageur, alors que Claude passe avec un canif attaché à sa ceinture !

L'avion est un Twin Otter, le même qu'on utilise dans le Nord québécois. Le 16 places prend son envol dans un bruit assourdissant et je comprends maintenant la raison des ouates distribuées avant le départ. Durant le vol, nous apercevons le pays dans lequel nous nous enfonçons, et je remarque que rien n'est plat, bien au contraire. On franchit même un col où les sommets avoisinants sont au-dessus de l'avion.
L'arrivée à l'aéroport de Lukla n'a rien de rassurant. La courte piste inclinée se termine par une paroi qui la domine. C'est le seul endroit de la région où un avion peut se poser, et j'aimerais bien voir la procédure à suivre en cas de panne du moteur ! On y recommande sans doute la prière !

Dès l'arrivée, on a l'impression d'avoir changé de pays. Ici, il y a peu de points communs avec Katmandou. Une foule de porteurs attendent en ligne que les touristes leur donnent du travail. Une situation que l'on évite grâce au travail de Kili Sherpa. Tout est organisé depuis longtemps, ainsi on ne risque pas de mauvaises surprises en choisissant au hasard. Après une heure de vol, on se dirige vers un *lodge* où nous buvons un thé comme le veut la coutume, et l'on grignote des *chips* comme nous le ferons souvent lors de l'approche de l'Everest. Mise à part Katmandou, le Népal possède très peu de routes carrossables, ce qui a contribué à le préserver des supposés bienfaits de la civilisation. Sur la route de l'Everest, où tout doit être transporté à dos d'hommes ou de bêtes, c'est particulièrement vrai. Par contre, on retrouve des *chips*, du chocolat, de la liqueur et de la bière. Les maisons de thé ou les *lodges*, qui servent des menus népalais, thaï et américain, sont construits de pierres taillées à la main, et les villages possèdent souvent le téléphone satellite.

Nous entrons au cœur du pays sherpa dans la vallée de Khumbu. Les Sherpas ont contribué dès le début des expéditions himalayennes à de nombreuses victoires. Ce sont eux qui ont ouvert la voie aux plus hauts sommets du monde. Leur constitution physique leur procure une résistance supérieure à la nôtre en haute altitude, ce qui s'explique sans doute par le fait que plusieurs d'entre eux sont nés dans des hauteurs de plus de 4000 mètres et qu'ils y vivent. Les Sherpas sont des êtres attachants qu'on ne peut qu'aimer dès la première rencontre. Au fil de mes expéditions, je me suis lié d'amitié avec plusieurs d'entre eux, et c'est grâce au courrier électronique que j'ai pu entretenir ces liens privilégiés.

Je me sens bien au Népal. C'est ma première visite mais j'ai l'impression d'y avoir vécu toute ma vie. Peut-être que les nombreuses lectures sur les expéditions qui ont meublé ma jeunesse ont contribué à cette familiarité avec le pays. Tout me semble parfait : les gens, les maisons, la température. La représentation parfaite du paradis ! Il serait étonnant que le « burnout » ou la dépression fassent des ravages ici. Les Népalais ont leur problème mais ils semblent moins stressés que les occidentaux. Je vais prendre des notes et essayer d'apprendre d'eux.

Nous avons marché jusqu'à Phakding, village situé à 2800 mètres d'altitude, où nous passons notre première nuit sur la route de l'Everest. Je partage une chambre avec Claude tandis que Mario est seul dans une autre, les deux sont au « Shangri-la Guest House ». « Chambre » est un grand mot : les murs sont si minces qu'on voit la lumière au travers, et de vieux matelas, poussiéreux et probablement garnis de puces, font office de... lits ! Comme il n'y a pas de chauffage, nous utilisons nos sacs de couchage d'hiver. Quand le soleil disparaît derrière les montagnes, la température baisse rapidement. Nous avons mis trois heures pour nous rendre dans cet endroit assez confortable équipé d'une douche chaude. Un luxe car plus on avance, plus le confort diminue. Nos dernières douches se feront dans des cabanes de planches, situées à l'extérieur, munies d'un récipient sur le toit qu'on alimente à la main avec de l'eau chaude. L'éloignement et l'altitude élevée rendent l'approvisionnement difficile, et l'acheminement des matériaux est extrêmement coûteux et complexe.

Les sentiers menant à Phakding sont larges et escarpés. Comment seront-ils à l'approche de l'Everest ? Je suis enthousiaste et je profite du début de l'expédition pour mieux connaître Takla Sherpa qui nous accompagne jusqu'au camp de base. Il est timide mais très attentionné, et il s'occupe de tout. Il règle le logement, commande nos repas, fait préparer nos formidables douches dont l'eau chaude provient d'un système qui utilise du kérosène plutôt que du bois.

3 avril 2003. Aujourd'hui la marche a duré six heures et nous a conduits à Namche Bazar, à une altitude de 3400 mètres. Je me sens en pleine forme. En chemin, nous avons croisé des porteurs avec 180 livres de matériel sur le dos. Je ne comprends toujours pas comment ils font pour réussir à avancer avec une telle charge en gagnant constamment de l'altitude. Un porteur – assurément non syndiqué – avait même six planches de contreplaqué de 4 pieds par 8 sur le dos ! Durant la marche, les enfants quémandent des crayons, des bonbons et parfois de l'argent. Les crayons sont un excellent présent à leur offrir, mais il faut s'abstenir pour les bonbons, qui causent la carie, et pour l'argent, qui les rendent dépendants du tourisme. Les enfants, vêtus de vêtements souvent sales et troués, sont toujours souriants et ils n'hésitent pas à nous approcher. On constate vite l'influence du tourisme, puisque des marques comme Adidas, North Face et bien d'autres se retrouvent partout.

Le village de Namche Bazar est situé sur un plateau entre les sommets enneigés et représente le haut lieu du commerce entre le Tibet et le Népal. Les Tibétains franchissent un col interdit de la région du Cho-Oyu, le Nangpa La, et viennent échanger leur marchandise. Le village compte plusieurs *lodges* et possède sa propre centrale hydroélectrique. Nous passons deux jours dans cet endroit afin d'acclimater notre corps à l'altitude.
Je dors à nouveau avec Claude que je commence à bien connaître. Nous passons de longs moments à parler de tout et de rien. Avec lui, je peux partager autant mes peurs et mes angoisses que mon enthousiasme.

Le lendemain, nous visitons un musée situé sur les hauteurs de Namche qui abrite des photographies et des objets d'une autre époque. Certaines pièces datent d'une centaine d'années et ressemblent étrangement à d'autres aperçues dans des maisons de thé. Le musée est très rustique et n'a rien en commun avec ceux de chez nous; c'est ce qui fait son charme. Pour terminer la journée, nous allons à un marché en plein air entre Tibétains et

Népalais. Le riz côtoie les piments, les oignons, et les quartiers de viande exposés au grand air, sans glace ni autre moyen de conservation. Mario, qui est entrepreneur en réfrigération, serait au chômage forcé s'il vivait à Namche Bazar !

Après le repas du soir, Claude et moi entamons des discussions, ponctuées de blagues, un rituel qui deviendra le quotidien de nos expéditions. Nous sommes des gens sérieux qui ne se prennent pas au sérieux, et l'humour fait partie de notre quotidien. Nous devrons d'ailleurs à l'humour une partie de notre succès, car, en plus de favoriser la détente, il nous a permis d'oublier pendant quelques instants les difficultés qui nous attendaient. Je m'endors en me disant que je suis privilégié d'être ici avec des compagnons aussi extraordinaires que Claude et Mario. Il est temps de se reposer, la journée de demain sera longue : direction Tengboche, à 3800 mètres d'altitude.

5 avril 2003. Nous avons mis 4 h 30 pour franchir la distance entre Namche Bazar et Tengboche. Nous avoisinons les 4000 mètres et je n'ai aucun symptôme relié à l'altitude. Mis à part le fait d'être lent, je n'ai pas le moindre petit mal de tête. L'important, c'est de garder un rythme constant, tout le contraire de l'approche d'un Allemand que j'ai « côtoyé » lors de la longue et interminable montée qui mène au village. Lorsqu'il s'empressait de me dépasser, il était tout en sueur et respirait très fort. Quelques minutes plus tard, je le dépasse à mon tour. Le petit manège a duré une demi-heure avant que je le sème définitivement. Cette attitude non sécuritaire favorise grandement les ennuis. Le mal des montagnes est sournois, il faut prendre son temps et adopter le bon rythme si l'on veut aller haut et loin. C'est comme sur un bateau : il faut laisser à la maison son rythme de terrien et prendre celui de la mer, plus lent. Sinon, les mouvements du bateau, combinés aux nombreux obstacles, auront raison de nous assez rapidement.

Aujourd'hui est un grand jour : j'ai aperçu l'Everest « de mes yeux » pour la première fois ! Ce n'est plus un film ou une photographie, mais l'Everest « en personne ». J'ai aussi aperçu le Lhotse, quatrième sommet à l'échelle mondiale, à 8501 mètres. À la sortie de Namche, la vue sur sa formidable muraille sud-est tout simplement saisissante. Je découvre aussi le Nuptse, voisin de l'Everest, et l'Ama Dablam, une montagne à la forme parfaite. Je suis heureux d'être ici et de pouvoir contempler un spectacle aussi grandiose. Mes sentiments oscillent entre la joie et la tristesse, car ma famille me manque terriblement. Que de choses extraordinaires à partager avec eux s'ils étaient avec moi. Je suis fier d'être ici, fier de réaliser mon rêve, du moins la première étape.

Nous avons fait la rencontre de Jean Clémenson, un Français de 65 ans. Guide de haute montagne, il a tenté sans succès l'Everest à cinq reprises et il essaie à nouveau par le côté népalais. Il nous confie avoir quitté la maison sans le dire à sa femme, car il ne voulait pas se faire réprimander durant les mois précédant le départ ! De longues discussions sont à prévoir à son retour. Nous accueillerons avec plaisir à notre camp de base les visites de cet alpiniste fort sympathique. Doté d'une détermination et d'une persévérance peu communes, il a consacré sa vie à la montagne et bien des années à l'Everest. Un « monsieur » inspirant…

En après-midi nous assistons à une cérémonie bouddhiste dans le monastère situé au milieu du petit village de Tengboche. Un village établi sur un promontoire de terre et qui compte quelques *lodges* proches du monastère. On y accède par une longue montée inclinée qui cache les maisons jusqu'au dernier moment. Le monastère a été détruit en 1934, par un tremblement de terre, et en 1989 par un incendie. Aujourd'hui, plus de 30 moines y résident et certains y sont arrivés très jeunes, envoyés par leur famille pour une vie de méditation et une éducation adéquate. La majorité y demeureront toute leur vie. Si une forte proportion du peuple népalais est de religion hindoue, l'ethnie sherpa, celle qui peuple la vallée du Khumbu, pratique quant à elle le bouddhisme.

Dans le monastère, le son des trompettes et des tambours se fait entendre. Les moines utilisent un grand coquillage pour faire ce bruit qui semble être le pendant bouddhiste des cloches des églises du Québec. La sonorité est exotique et captivante. Nous grimpons l'escalier et traversons une cour intérieure. Il faut se déchausser avant de franchir la porte du monastère. L'intérieur est sombre et froid. Les moines sont assis en rangée face à l'allée centrale qui conduit à une immense statue de Bouddha. C'est étrange d'assister à une cérémonie si grandiose dans un site si lointain. On se sent privilégié de participer à un rituel qui se perpétue depuis si longtemps. Les premières expéditions ont assisté au même cérémonial lorsqu'elles se dirigeaient vers l'Everest. J'observe les moines qui, pour la plupart, sont des enfants. Très jeunes, ils sortent du foyer familial et doivent devenir sérieux, alors qu'ils n'ont pas encore quitté l'enfance. La cérémonie se poursuit dans la prière et le chant tandis que nous quittons ce lieu en silence, laissant les moines à leur méditation.

Nous sommes attablés pour le souper à Tengboche, lorsque monsieur Clémenson nous interpelle : « Les cousins ! Venez voir l'Ama Dablam ! ». Éclairée des dernières lueurs du soleil, la montagne offre un spectacle féerique. Quel privilège d'être aux premières loges de l'Himalaya. L'Ama Dablam est considérée par plusieurs comme la plus belle du monde. Elle a la forme d'une mère ayant les bras ouverts pour accueillir ses enfants. C'est avec des étoiles dans les yeux que l'on se dirige vers notre chambre aux murs de terre battue. Malgré l'humidité importante, le sommeil, avec l'aide des bouchons, est profond et réparateur.

6 avril 2003. Nous avons quitté Tengboche vers 8 h et atteignons le village de Dingboche superbement positionné au début d'une vallée, à 4300 mètres. Le Snow Lion lodge, où nous logeons, est équipé d'un petit solarium dans la cour intérieure. Un havre de paix qui nous servira lors de l'expédition de 2004 sur l'Everest. Nous décidons de prendre un jour de repos supplémentaire, ça tombe pile car j'en ai grandement besoin. La dernière portion de la route m'est apparue longue. C'est sûrement l'altitude qui se fait sentir. Mais ici, la nourriture est excellente, ce qui aura tôt fait de me remettre en forme. Bordé par la rivière Dudh Kosi, cet endroit me plaît vraiment. Après le repas du soir, nous décidons de faire une petite « veillée sur le perron » où nous discutons de la suite du programme. Un petit rituel que nous garderons en 2004 au camp de base de l'Everest. Pendant un court instant on aurait pu se croire au Québec… jusqu'à ce qu'une Népalaise sorte d'un *lodge* et ramasse à main nue une bouse de yack pour la lancer sur une pierre, où elle séchera avant de servir à chauffer le poêle !

7 avril 2003. Petit déjeuner composé d'omelette au fromage, le tout arrosé de thé sucré. Je me sens en pleine forme et Mario et moi envisageons de nous dégourdir en grimpant la « butte de terre » qui surplombe le village. Nous prenons quelques heures pour en venir à bout et nous réalisons à notre retour que la butte en question est une montagne, nommée Nang-Kharga, qui culmine à 5099 mètres, soit 292 mètres de plus que le mont Blanc en France ! On est au pays de la démesure car le sommet nous semblait si petit à côté de ses voisins géants.
Au sommet, la vue est à couper le souffle. Mais tout se bouscule dans ma tête. Je suis fatigué et je me demande comment ça se passera lorsque je serai plus haut. Pour être honnête, je me demande comment je trouverai l'énergie nécessaire pour grimper l'Everest. En forçant, je sais que je peux pousser jusqu'à 6000 mètres. Mais où trouver l'énergie pour me rendre à 7000 et

8000 mètres ? Comment mon corps réagira-t-il à cette altitude ? Le doute, ça s'installe et ça repart de temps à autre, et la fatigue y contribue. J'ai gardé mes appréhensions pour moi, car je sais qu'il est normal d'avoir des doutes et que ceux-ci se dissiperont au fur et à mesure que l'expédition avancera. Pour l'instant, cette ascension avec Mario est une réussite, et nous nous donnons l'accolade. C'est le premier sommet que je réussis avec Mario, et mon intuition me dit que c'est loin d'être le dernier. La synergie est bonne et je sens que c'est réciproque, comme si nous étions des amis depuis toujours.

8 avril 2003. Nous avons mis quatre heures pour atteindre le village de Lobuche à 4800 mètres d'altitude. J'ai un léger mal de tête que j'essaie de régler avec de l'ibuprofène. Le village n'est pas le plus pittoresque et notre *lodge* ne comporte pas de chambre, il y a seulement un dortoir que nous partageons avec d'autres expéditions. Vivement le camp de base et les tentes pour retrouver un peu d'intimité. Ça me rappelle les dortoirs du camp de vacances de ma jeunesse. Je préférais déjà à cette époque la tente au dortoir, où 20 personnes partagaient la même chambre. Les clients du *lodge* ne sont pas tous ici pour les mêmes raisons, certains randonneurs ont l'esprit à la fête puisque leur voyage se termine dans quelques jours. Pour nous, ce n'est que le début et le repos est primordial.

Nous prenons notre repas du soir avec deux Ontariens, un père et son fils. Ce dernier est en route pour le sommet de l'Everest et son père l'accompagne au camp de base pour veiller sur lui. Un autre membre demeuré plus bas, en raison de maux de tête, les rejoindra sous peu. Ce sont deux pompiers de l'Ontario et malheureusement leur tentative se soldera par un échec. Pour l'instant, le père souffre de diarrhée chronique, et leurs médicaments sont déjà rendus au camp de base donc hors de portée. Imaginez ses yeux lorsque je lui ai donné de l'Imodium ! Un million de dollars ne lui aurait pas fait autant plaisir que cette petite pastille verte !

Lakpa Sherpa, un sympathique ami de Kili que nous avons rencontré à Katmandou, nous a rejoint avec son client américain. Ils ont mis trois jours pour faire le trajet qui nous en a demandé sept. Lakpa nous a expliqué que l'Américain s'était acclimaté dans son pays avant le départ. Je suis sceptique. Le lendemain matin l'Américain n'en mène pas large. Il a de la difficulté à marcher et il est complètement désorienté. Nous tenons une réunion avec Lakpa et convenons qu'il doit le faire redescendre au plus vite, s'il veut éviter des problèmes. De toute évidence, cet Américain est totalement inexpérimenté, à moins qu'il ne soit un parfait crétin. Dans sa chambre, on lui donne du Diamox, médicament contre le mal aigu des montagnes, et on le prépare pour la descente sans trop lui laisser le choix. Je ne comprends pas pourquoi cet homme a menti pour aller plus vite. On ne peut réussir l'Everest en sabotant la préparation. Je crois l'incident clos mais il y aura une suite.

Les membres d'une importante expédition française sont ici pour le 50e anniversaire de la première ascension victorieuse de 1953. L'expédition est dirigée par Jean-Michel Asselin, connu entre autres comme rédacteur en chef de la revue française *Vertical*. De gros noms, comme Patrick Bérhault et Patrick Gabarou, font partie de l'équipe. Nous nous lions d'amitié avec trois d'entre eux : Patrick Gabarou, Éric Loiseau et Hugues D'Aubarede. Les Français nous ont invité à prendre le dessert dans leur tente cuisine, servant de salle à dîner, montée dans la cour du *lodge*. Ils ont de gros moyens, des téléphones satellites ainsi que leur propre médecin qu'ils nous proposent de consulter en cas de besoin.

9 avril 2003. Nous voilà au hameau de Gorak Shep à 5180 mètres d'altitude après seulement trois heures de marche. J'ai à nouveau un léger mal de tête et j'ai repris de l'ibuprofène. Le village ne comporte que trois petits *lodges* et c'est le dernier semblant de civilisation avant le camp de base. Le Kala Pattar, montagne bien connue des *trekkers*, surplombe le village. De son sommet, la vue de la cime de l'Everest est superbe et nous comptons aller y faire des photographies demain. Nous partageons une chambre très humide, encore une fois. Mais c'est mieux que le dortoir de la veille ! Nous prenons nos repas dans la pièce principale qui possède, en son centre, un poêle chauffé à la bouse de yack. Ce n'est pas l'ambiance qui manque !

Triste nouvelle. Nous venons d'apprendre qu'un preneur de son de l'équipe française est mort durant son sommeil, au camp de base. C'est la triste réalité de l'Everest qui à chaque saison apporte son lot de victimes. Sa mort m'interpelle, m'attriste, et soudainement je me dis : Il est mort au camp de base ! Nous, on vise les 7000 mètres pour notre reconnaissance. Le danger est réel. Je ne parle pas du danger concernant le terrain, car je sais que la cascade de glace qui mène au camp 1 recèle une multitude de pièges. C'est plutôt le danger relié à l'altitude qui hante mes pensées. L'humain n'est pas fait pour vivre aussi haut, et notre corps subit donc un stress énorme en entrant dans cette zone où la vie n'est possible qu'un court laps de temps. Y rester trop longtemps provoque la mort, à plus ou moins brève échéance.

Tout comme moi, cet homme avait sûrement des proches qu'il aimait. Il y a quelques heures, il marchait et respirait, maintenant il ne reste qu'un corps sans vie. Dur coup pour l'expédition française qui vient à peine de commencer. Sans compter qu'une personne en Europe aura la lourde tâche d'annoncer la mauvaise nouvelle à la famille. À ce moment-là, j'ai pensé décamper, prendre mes jambes à mon cou et aller rejoindre les miens. Mais la raison a pris le dessus. Je me suis dit que je devais être très vigilant et ne pas prendre de risques inutiles.

10 avril 2003. Ce matin nous avons pris un copieux petit déjeuner pour développer l'énergie nécessaire à l'ascension du Kala Pattar, promontoire rocheux de 5600 mètres, d'où le panorama sur l'Everest est superbe. Nous sommes arrivés tôt au sommet pour profiter de la vue qui est généralement dégagée en matinée mais bouchée en après-midi. J'ai fait de superbes photos de la montagne de mes rêves en réalisant que, bientôt, très bientôt, j'allais être au camp de base de l'Everest. Mais j'ai été rapidement ramené à la réalité, puisqu'au village nous avons aperçu les Français qui marquaient d'un cercle la zone où doit atterrir l'hélicoptère venu chercher le corps de leur compatriote décédé. Nous les croisons à la descente. Je remarque un sac de couchage contenant un corps tel un sarcophage. Triste fin. La réalité de la haute montagne, en particulier celle de l'Everest, vient de me frapper pour la première fois. Lire des articles sur les morts de l'Everest est une chose. Y être et en croiser un dans la réalité, ça donne des frissons.

Je savais que tôt ou tard nous serions confrontés à la mort, mais cet événement est tellement soudain que je ne sais quoi penser, comment réagir ou même quoi dire à l'expédition française. Dans notre vie de tous les jours, nous ne sommes pas souvent confrontés à la mort, du moins pas comme un ambulancier, ou un médecin, peut l'être. Je me sens mal à l'aise. Je sais que l'Everest tue à chaque année, mais cet homme est mort au camp de base, pas sur la montagne. Ça me porte à réfléchir à notre projet. Pourquoi risquer nos vies ? Est-ce que ça en vaut la peine ? La vue du sarcophage m'a ébranlé. Revenir sans vie dans mon sac de couchage, non merci. Je me promets d'être vigilant, et ce, même au camp de base. Au moindre doute, je décampe.

Le camp de base de l'Everest

Comme le confort de Gorak Shep est très limité, nous décidons de partir aujourd'hui même pour le camp de base que nous atteignons en fin de journée. Nous le partageons avec une expédition américaine dirigée par Paul Giorgio, qui a gravi l'Everest à deux reprises. La totalité des membres sont peu expérimentés. Par contre, ils sont si bien équipés que nous avons l'air d'avoir magasiné dans un bazar ! Paul nous réserve un accueil froid, mais au fil de l'expédition il apprendra à nous connaître et deviendra même aimable. Les neuf membres de son équipe ne dépasseront pas le camp 1 et certains ne l'atteindront pas. Dans cette expédition, deux participants visaient le sommet, un autre le camp 4 à 8000 mètres et six autres le camp 2 à 6500 mètres; nous trouvons cela plutôt étrange.

Paul nous voit peut-être comme des rivaux. Dans son groupe, il est le chef en raison de son expérience. De notre côté, nous avons un bon bagage en montagne et en escalade, ce qui porte atteinte à son statut au sein de cette équipe de novices. Mais ce n'est pas la place de leader au camp de base qui nous intéresse. Nous voulons réaliser notre ascension et rentrer chez nous. L'attitude de Paul vient peut-être du fait qu'il n'a pas apprécié le coté direct de Claude, qui lui a dit sans détour que personne dans son groupe n'avait l'expérience nécessaire pour être ici…

Nous sommes en reconnaissance sur cette montagne, et nous notons les moindres détails susceptibles de faire la différence entre réussite et échec pour l'expédition de 2004. Lors de la reconnaissance, nous utilisons nos bottes de haute montagne au camp de base, mais elles se sont avérées inconfortables car nous les avons constamment aux pieds. Pour l'expédition de 2004, nous avons ajouté à notre équipement des bottes confortables dont le seul usage était les allées et venues dans notre camp de base. De même, notre approche de la nourriture a été un des points modifiés en 2004. Chaque membre avait une barrique de bouffe personnelle.

Une équipe universitaire américaine séjourne également au camp de base afin de réaliser une série de tests sur le comportement des grimpeurs à différents niveaux d'altitude. Un médecin et trois assistantes recueillent différentes informations sur la capacité d'association, de mémorisation et de prononciation des grimpeurs, en fonction de la raréfaction de l'oxygène. Le but de l'opération est de détecter, dans la voix et les réponses données, les facteurs permettant de conclure si la personne est toujours en pleine possession de ses facultés. Les tests sont subventionnés par la NASA pour application future aux astronautes. Nous partageons le camp de base avec cette équipe, et le médecin nous examinera à l'occasion pour des maux bénins, comme une vilaine toux.

11 avril 2003. Ce matin, un des Américains est malade et doit respirer de l'oxygène puisque son taux de saturation d'oxygène est très bas. Il doit être évacué au plus vite et nous le conduisons au bout du camp où une aire d'atterrissage est aménagée par les Sherpas. Rien n'est droit au camp de base, et aménager une surface suffisamment grande pour un hélicoptère n'est pas une mince affaire. En raison d'un plafond nuageux trop bas, l'homme sera finalement évacué le lendemain et retournera chez lui sans avoir touché la montagne.

J'assiste à ma première *puja*, une cérémonie de purification et de protection propre à chaque expédition. Avec les Sherpas, nous travaillons en équipe, laquelle repose sur deux éléments essentiels : le respect et la confiance. Nous avons entièrement confiance en nos Sherpas, qui sont des vétérans de l'Everest, et ils ont confiance en nous et nos capacités. La rumeur veut qu'un sherpa soit capable de détecter au camp de base qui pourra atteindre le sommet. Le respect va au-delà des croyances, au-delà des peuples. Mario, Claude et moi ne sommes pas bouddhistes, mais nos Sherpas le sont et le rituel de la *puja* est un acte qui doit être respecté.

Un autel de pierre mesurant 6 pieds de hauteur sur 5 pieds de largeur est érigé dans chacun des camps et servira de lieu de culte. Un moine venu d'un village, soit Tengboche ou Pangboche, lit à voix haute les écritures sacrées et demande aux dieux tolérance et compréhension pour ce que nous allons accomplir. Les grimpeurs et les Sherpas sont assis de chaque coté du moine et participent à la cérémonie. Nos équipements sont adossés à l'autel où brûlent des branches de genévrier. Hommes et matériels seront purifiés ensemble. Les offrandes – pain, riz, chocolat, biscuit, bière – reposent au pied du monument et sont offertes aux divinités. On nous distribue un anneau de corde rouge qui porte le nom de *sungdi*. Il est fait de nylon tressé, et un nœud de « vie » y est incorporé. On ne doit pas enlever cette amulette, sauf si elle se détache ou se brise.

Les drapeaux népalais et canadien flottent au sommet d'un mât surplombant l'autel. De ce mât partent dans toutes les directions des prières imprimées sur les drapeaux. Le vent se chargera de transporter les paroles saintes dans les montagnes où résident les dieux. La cérémonie se termine par des chants en chœur et par de la farine lancée dans les airs. On nous met le reste de la farine dans les cheveux et sur les joues, pour signifier que l'on veut que nous vivions jusqu'à ce que nous ayons la barbe et les cheveux blancs. La danse et le *chang*, boisson alcoolisée locale à base de riz, viennent conclure cette belle cérémonie.

12 avril 2003. En ce jour de repos, je fais la lessive. La méthode est simple : dans un grand récipient on met de l'eau chaude et du savon. Une vraie lessiveuse portative pour camp de base ! Le séchage se fait au grand air; il est donc important de conserver des vêtements de rechange secs car, si le temps se couvre, ceux-ci ne sécheront pas. Aujourd'hui, Claude et moi avons accepté de servir de cobayes pour les tests de l'université. Nous le faisons, bien entendu, pour la science et non pour le petit ordinateur de poche Palm qu'ils nous donnent pour nous remercier. Heureusement que nous avons accepté de participer à cette étude, car tous les membres de l'équipe américaine ont échoué au camp 1...

13 avril 2003. Jour de départ pour la montagne. Je me lève vers 4 h 30 et fais un effort pour quitter le confort douillet de mon sac de couchage. Lors des journées de repos, nous attendons le lever du soleil avant de bouger. Il fait noir et je me dirige vers la tente cuisine pour essayer d'avaler quelque chose. Je prends au passage mes affaires, soigneusement préparées la veille. Claude et Mario sont déjà dans la tente. Je me force à manger quelques rôties et à boire un exécrable mais indispensable café. L'année prochaine nous apporterons notre café !
Je suis un peu inquiet car nous allons franchir la fameuse cascade de glace menant au camp 1. Nous ne ferons qu'un aller–retour. Je me demande

comment je vais me comporter sur le glacier, car même si je me sens en pleine forme, je sais que cette montée est déterminante pour la suite des événements. La cascade de glace de Khumbu représente un passage techniquement difficile de la voie normale de l'Everest et il faut être à la hauteur. Le glacier correspond à une rivière de blocs de glace en mouvement, lesquels descendent inexorablement vers le bas. Les nombreuses avalanches qui balaient le glacier sont dangereuses. Des crevasses béantes doivent être traversées avec des échelles d'aluminium attachées les unes aux autres. Un pont en équilibre précaire au-dessus d'un vide de quelques centaines de pieds, large de 10 à 20 pieds.

Nous partons vers 6 h du matin dans une demi-obscurité. Il fait froid comme au Québec en janvier, donc, aucune raison de nous plaindre. Nous atteignons rapidement la première corde fixe et nous chaussons les crampons. Les premières sections sont relativement faciles et nous progressons rapidement vers la première échelle qui enjambe une petite crevasse. Je la franchis en me disant que c'est vrai, cette fois-ci, je suis sur l'Everest. Je me sens bien, je me sens prêt. Je suis en pleine possession de mes moyens. J'espère avoir les mêmes sentiments en plus haute altitude.

Nous avons atteint la zone du camp 1 vers 11 h. Nous sommes à 6000 mètres et je me sens en pleine forme. La cascade de glace apparaît comme un monstre avec des crevasses immenses et profondes. Pendant notre ascension, il y a eu deux avalanches, dont une très près de nous. Nous l'avons vue dégringoler le glacier et aller finir sa course dans une crevasse au-dessus de nous. Ce genre de chose arrive tellement vite, qu'on n'a pas le temps d'avoir peur, juste le temps de se demander ce qui arrive. Cette première ascension n'a pas été facile, quoique moins technique que je l'avais imaginé. Peut-être qu'une vingtaine d'années d'expériences en escalade sur glace et sur rocher m'y ont bien préparé. La traversée des crevasses sur des échelles branlantes, attachées ensemble par de la corde, me fait par contre très peur. Je m'habitue difficilement à ces passages obligés et je peine à exécuter la manœuvre sans trop réfléchir. En plus des échelles, l'utilisation de cordes fixes nous permet une traversée en relative sécurité de la cascade de glace. La descente prend trois heures et la fatigue en raison de l'altitude se fait sentir. J'ai besoin de repos !

14 avril 2003. Jour de pause au camp de base. Nous avons regardé le film Pulp Fiction sur l'ordinateur des gens de l'université. Cinq membres du groupe américain sont partis pour le camp 1. Deux sont revenus en prétextant une neige trop abondante, pourtant elle ne l'était pas pour ceux qui avaient atteint le même camp. Un troisième a mis 12 heures pour s'y rendre, ce qui est long et dangereux. Cela ressemble à un début de la fin pour l'équipe américaine qui n'est pas à la hauteur du défi. Lors d'une sortie en escalade de glace avec un des membres, nous avons constaté que celui-ci ne savait pratiquement pas grimper sur de la glace. Insouciance ou mauvaise connaissance de l'alpinisme ? Ce dernier est un *ranger* américain qui travaille dans les montagnes blanches du Vermont aux États Unis. Il les parcourt régulièrement et tient la forme. L'escalade des versants abrupts et glacés des montagnes du Vermont lui aurait donné plus de chances de réussir s'il s'y était confronté.

15 avril 2003. Encore un jour de repos et personne ne s'en plaindra. Nos copains français nous ont rendu visite; Patrick, Éric et Hugues. Grâce à Hugues, j'ai pu parler à Hélène, par l'intermédiaire de son téléphone satellite. C'est réconfortant d'avoir des nouvelles des siens. Pour l'expédition 2004, nous prévoyons avoir notre propre téléphone. De son côté, l'équipe américaine est redescendue passablement épuisée du camp 1. Je me demande s'ils comprennent qu'ils ne pourront pas remonter, que c'est la fin de leur expédition.

Coup de théâtre ! L'Américain au teint verdâtre, celui qui avait marché trop rapidement lors de l'approche, fait son entrée au camp de base. Je croyais qu'il était retourné en Amérique ! Non seulement il est ici, mais, en plus, il veut gravir l'Everest ! Paul, le leader de l'expédition américaine ne veut rien entendre et avec raison. Pourquoi mettrait-il sa vie en jeu pour aider cet écervelé dans une ascension inutile et suicidaire ? Il tentera de gravir la cascade de glace sans succès et décidera de renoncer, non sans menacer Paul de poursuites. Il m'offrira même de me vendre son permis pour le sommet. Je décline l'offre puisque l'expédition est prévue pour 2004 et que sauter une étape peut s'avérer dangereux. De toute façon, c'est l'équipe qui compte et rien d'autre.

16 avril 2003. Dernier jour de repos avant notre dernier assaut. Vive la technologie. Un café Internet, sans café, vient de voir le jour au camp de base. Des Népalais ont installé quelques ordinateurs reliés à un satellite et, en payant avec de l'argent américain, je peux écrire à Hélène et prendre ses messages. Étant donné le coup élevé des communications, il faut écrire nos messages à l'avance et les transcrire le plus vite possible. Des murs de pierres avec une toile tendue en guise de toit : voilà un café Internet vite fait !

17 avril 2003. La seconde montée dans la cascade de glace a été beaucoup plus rapide, elle a duré quatre heures quinze minutes. Je partage ma tente pour la nuit avec Claude, pendant que Mario partage la sienne avec un membre de l'équipe américaine. Nous nous préparons pour la nuit et nous constatons que Paul, le leader de l'équipe américaine, est seul dans la grande tente avec l'équipement de cuisine, alors que ses clients s'entassent à deux dans une tente. Ces trois Américains descendront au camp de base demain, alors que se terminera leur expédition. J'écris une note pour 2004 : nous devons être autonomes et ne pas partager nos campements, de cette façon nous pourrons contrôler tous les aspects de l'expédition. Je me prépare pour la nuit et j'envisage la suite avec optimisme. C'est ma première nuit sur l'Everest, je suis ému. Les Messner, Viesturs, Hillary, Laforest ont dormi ici. Je n'en reviens pas, je suis privilégié.

18 avril 2003. On se lève très tôt. Il faut se hâter pour ne pas subir la chaleur du soleil dans la vallée du silence entre le camp 1 et le camp 2. Faire son petit déjeuner, à 6000 mètres, dans une tente, par -30 °C, n'est pas une mince affaire. Il faut que je mette en marche le réchaud, ce qui veut dire sortir en partie de mon sac de couchage si douillet. Il reste de la glace dans la casserole et le réchaud la transforme en eau pour le café et le gruau. Les autres ne bougent pas, ils sont probablement épuisés. La lente préparation du déjeuner se poursuit et je m'habille lentement, tout comme Claude. Mario, le lève-tôt, est déjà à l'extérieur. Sitôt le déjeuner avalé, nous nous mettons en route vers le camp 2.

La vallée du silence est encaissée entre l'Everest sur la gauche, le Nuptse sur la droite et le Lhotse au fond, formant une sorte de fer à cheval. La vallée porte bien son nom, car aucun son ne vient troubler notre progression, mis à part le crissement des crampons sur la glace. Nous progressons en descendant à l'intérieur même des crevasses, elles sont si larges qu'elles ne peuvent être franchies avec les échelles comme dans la cascade de glace. Notre progression est lente mais constante. Je trouve mon rythme et je sais que je peux continuer longtemps si je maintiens cette vitesse. Après trois heures d'effort, le camp 2 est atteint où nous déposons du matériel, car nous avons décidé de continuer jusqu'à la base de la face du Lhotse, tout près de la barre des 7000 mètres. C'est beaucoup d'altitude pour une seule étape, mais comme nous redescendons dans la journée, nous pouvons nous permettre 1000 mètres de dénivelé.

Je me demande comment les premiers êtres humains ont perçu cette vallée lorsqu'ils l'ont parcourue pour la première fois. Elle semble si calme, si paisible. Elle comporte cependant plusieurs pièges. Cette vallée reçoit toute la neige en provenance des parois qui l'entourent sur trois côtés. Les avalanches arrivent régulièrement et elles sont dangereuses. La vallée est également parsemée de crevasses aux profondeurs insondables. Le terme qui me vient pour la décrire est « tranquillité trompeuse ». La beauté de cette vallée glacière me fascine. J'aperçois en face de moi les pentes du Lhotse, quatrième montagne du monde. Elle me semble si proche, mais elle est si loin.

Seule la tente cuisine du camp 2 est montée et du matériel s'y entasse déjà en prévision de l'arrivée éventuelle des Américains. Seul le leader occupera finalement ce camp et réalisera sa troisième ascension de l'Everest. Je l'admire pour cette prouesse. Il est tôt dans la saison et l'endroit est tranquille. Quel contraste avec l'expédition de 2004 où cet emplacement grouillera de gens de toutes nationalités. Notre permis nous permet d'aller jusqu'à 7000 mètres; alors nous utilisons notre droit et nous pourrons ainsi voir la pente du Lhotse, la fameuse bande jaune, l'éperon des Genevois et le rebord du col sud. D'ici, j'ai une vue sur la fameuse face sud-ouest de l'Everest, vaincue en 1975 par l'expédition britannique de Chris Bonington. Quelle formidable paroi, et quel fantastique défi que cette barre rocheuse qui ferme le haut de la pente vers 8000 mètres. Les deux premiers grimpeurs ayant franchi la barre rocheuse sont Tut Braithwaite et Nick Estcourt. J'ai lu plusieurs fois le récit de cette aventure. Aujourd'hui, j'ai la paroi en face de moi et je suis sans voix.

Je dois me remettre en route si nous voulons avoir suffisamment de temps pour atteindre notre objectif et regagner le camp 1 avant la tombée de la nuit. Le reste de l'ascension ne comporte pas de défi majeur, mais nous progressons avec une extrême lenteur en raison du manque d'acclimatation. Je marche si lentement que je me demande comment je ferai pour atteindre le début de la pente du Lhotse, et comment je parviendrai, l'année suivante, en 2004, à aller plus haut; un doute s'installe. Claude a pris de l'avance et arrive a destination avant nous. Il pourra même se permette le luxe de grimper la première corde fixe de la pente de 1000 mètres conduisant au col sud. Nous le rejoignons lorsqu'il redescend et nous entamons sans tarder le retour au camp 1. Nous devons cependant faire une halte au camp 2, pour y faire nos derniers tests au nom de la science. Le tout ce fait par l'intermédiaire de la radio, et, chose étonnante, nous aurons, Claude et moi, de meilleurs résultats à 6500 mètres qu'au camp de base. Est-ce que le manque d'oxygène nous est bénéfique ? On découvrira beaucoup plus tard que nos résultats s'amélioraient en raison de notre progression dans la langue anglaise. Même si nous sommes bilingues, le fait de parler constamment en anglais, ce qui n'est pas le cas au Québec, améliorait nos performances dans les tests. En 2004, nous serons pour cette raison exclus des tests, de toute façon ils ne donnaient aucun cadeau en 2004…

Nous retrouvons le camp 1, lequel a été déserté par les Américains. Nous avons trois tentes et une tente cuisine pour nous trois. Quel luxe ! Nous profitons des derniers rayons du soleil pour préparer notre repas composé de pâtes déshydratées. Demain nous regagnons le camp de base, et ensuite nous nous préparons pour un retour à la civilisation. Je m'installe dans ma tente et j'écris quelques lignes. En 2004, nous devrons avoir chacun une tente au camp 2 puisque nous y passerons beaucoup de temps, et qu'il est plus facile de se reposer ainsi. Le repos est essentiel J'ai trop entendu le récit d'expéditions, au cours desquels on racontait que les gens s'entassaient dans des tentes trop petites et ne parvenaient pas à se reposer. Une bonne planification doit obligatoirement prévoir un repos adéquat, il en va du succès de l'expédition.

Je suis content. Content que l'expédition soit terminée, content de ma performance. Je suis monté à 7000 mètres et je suis toujours en pleine forme. Cette performance augure bien pour la suite des opérations. Je me sens prêt à relever le défi. Je compte les jours me séparant de l'expédition de 2004 où le sommet est l'objectif final. Je me sens plus que jamais interpellé par mon destin et suis convaincu que j'irai au sommet, que j'en suis capable. L'équipe s'est montrée à la hauteur de la tâche, et je sais que notre Claude, Mario et moi formons une équipe gagnante où chacun a un rôle précis à jouer. Je peux compter sur mes compagnons de cordée et ils peuvent compter sur moi en cas de coup dur. Notre destin est de compléter cette ascension et d'en revenir, tous les trois, toute l'équipe.

Les 20, 21 et 22 avril 2003 sont nos derniers jours de repos au camp de base avant notre départ. Nous en profitons pour empaqueter nos choses et relaxer. Nous avons eu la visite de Gary Scott, un Américain qui a un record de l'ascension la plus rapide du mont McKinley en Alaska. Il faisait partie de l'expédition d'Yves Laforest, le premier Québécois à gravir l'Everest en 1991. Nos copains français sont venus nous dire au revoir et nous avons quitté le camp de base le 23 avril 2003.

La descente jusqu'à Lukla s'effectue en 3 jours seulement. Nous reprenons ensuite l'avion pour Katmandou dans le même aéroport, sauf que cette fois-ci l'avion se dirige vers un précipice qui borde l'extrémité de la piste. Je suis assis à côté d'une Népalaise plutôt nerveuse. Elle sort un genre chapelet et se met à prier. Je dis à Claude : « ça va mal, elle prie car on va s'écraser ». Les Népalaises sont généralement très timides, mais lorsque l'avion prend son envol, ma voisine me prend la cuisse et la serre très fort. J'en suis presque incommodé ! Lorsque l'avion se stabilise en vol, elle sort des friandises qu'elle offre à ses fils, elle m'en donne aussi, probablement pour se faire pardonner le bleu causé à ma cuisse ! Durant un instant, j'ai oublié que j'étais au Népal, c'est-à-dire de l'autre côté de la planète, car ce que j'ai pris pour des friandises était en réalité un morceau de gras séché. Malheureusement, je ne l'ai réalisé qu'au moment où j'ai mis le morceau dans ma bouche. Maintenant, ma voisine me regarde avec un sourire ! Nous regagnons Katmandou et peu de temps après, nous partons vers notre « chez nous ». Je vais revoir les miens enfin.

Ma tête bourdonne. Cette exploration des lieux et cette reconnaissance de la montagne ne sont que le prélude de la grande aventure qui nous attend en 2004. La préparation est déjà en marche, mentalement du moins, et très bientôt les idées qui se bousculent dans nos têtes se transformeront en actions.

Un lancement historique

Nous avons choisi la date du 29 mai 2003 à 11 h 29 exactement pour lancer notre expédition sur l'Everest, qui aura lieu l'année suivante. Cette date représente le 50e anniversaire de la première ascension victorieuse britannique. Le lancement a lieu sur notre montagne d'entraînement, le mont Sainte-Anne, dans la région de Québec. Nous prenons les grands moyens pour un projet aussi grand et fascinant. Un campement complet est monté au sommet et l'on convie les médias, qui répondent en grand nombre à l'appel. Nous avons du culot de lancer une expédition de 250 000 $ sans le soutien d'un seul commanditaire ! Mais c'est la seule façon de mener à bien une telle entreprise, il faut plonger tête première dans l'aventure et travailler sans relâche pour que tout fonctionne comme prévu. J'ai hérité de cette façon de fonctionner du Français Éric Dumont qui a pris part à la course de voilier Vendée Globe. Cette performance représente l'Everest de la voile avec un tour du monde en solitaire, sans escale et sans assistance dans les mers australes. Éric m'a avoué avoir finalisé son budget de course seulement une à deux semaines avant son départ. C'est la seule façon de faire pour montrer aux gens intéressés que le projet aura lieu coûte que coûte. Son conseil s'est avéré juste et nous l'avons appliqué à notre projet. Le lancement est fait. Il ne reste qu'à avancer.

Dans le cadre d'une expédition sur l'Everest, on doit s'absenter régulièrement du camp de base pour escalader la montagne. Notre camp n'est pas désert puisque Kili, Tshering et les autres Népalais y demeurent. Cependant, la barrière culturelle et celle de la langue nous obligent à avoir quelqu'un de notre pays en qui nous pouvons mettre notre confiance, car c'est cette personne qui sera notre lien avec le monde, celle qui coordonnera les actions s'il y avait une urgence. Lors de la reconnaissance de 2003, j'ai approché Gabriel, un ami d'enfance, et je lui ai confié cette responsabilité. Son premier rôle a consisté à élaborer un plan médiatique pour promouvoir l'expédition. Finalement le poste de « base camp manager » lui a été assigné. Gabriel m'a souvent accompagné lors d'excursions dans les montagnes blanches aux États-Unis. Je me souviens l'avoir tellement poussé lors d'un trekking, qu'il a vomi pendant que je montais la tente vers 22 h ! Il faut croire qu'il ne m'en veut pas trop puisqu'il a accepté immédiatement de nous accompagner. En plus de s'occuper du camp de base, il devra faire le lien avec les médias et aura la responsabilité du matériel de communication.

Au cours de l'automne 2003, nous obtenons l'appui de la boutique La Vie Sportive de la ville de Québec ainsi que de la compagnie The North Face. Des appuis de taille, car les premiers commanditaires sont les plus difficiles à trouver. Peu de temps après, un commanditaire majeur se manifeste et nous croyons enfin avoir réglé le budget. Mais à moins de six mois du départ, le partenaire espéré, la crème glacée Lambert, n'est plus dans la course. Tout est à recommencer. Je me sens abattu. Comment faire pour trouver un autre partenaire en si peu de temps ? Je n'en sais rien. Le trou dans le budget est énorme et ne peut être épongé par nos économies personnelles.

Heureusement, nous faisons une rencontre déterminante. François, qui travaille au sein de la compagnie Usana, nous mentionne que cette dernière pourrait être intéressée, par l'intermédiaire de son réseau québécois, à nous soutenir. Usana vend et fabrique des suppléments de vitamines et minéraux ainsi que d'autres produits dérivés liés à une saine alimentation. Quoi de mieux pour des gens qui vont accomplir une performance sportive. Rapidement, le réseau québécois est mobilisé et nous obtenons leur soutien lors d'un congrès tenu à Saint-Hyacinthe à l'automne 2003. Mille cinq cents personnes nous manifestent leur appui, et l'énergie émanant de la salle est électrisante. Nous avons droit à plusieurs ovations debout pendant que les gens nous crient littéralement leur enthousiasme. Le président de la compagnie nous remet alors en main propre un chèque. J'ai alors compris que nous partirions vraiment pour l'Everest. Non pas que j'en doutais, mais la chose est maintenant officielle, et je sens l'énergie des gens qui sont derrière nous. C'est une journée mémorable gravée à tout jamais dans ma mémoire. À notre retour de l'Everest, nous aurons le même accueil, dans la même salle, de tous ceux et celles qui nous ont fait confiance et supportés tout au long de l'aventure.

De tous les aspirants à l'ascension de l'Everest, c'est-à-dire tous ceux et celles qui amassent le financement, s'entraînent et arrivent au camp de base, moins de 10 % réussiront. Pour mener à bien une telle entreprise, il faut une équipe. Dans notre cas, une centaine de personnes ont été mobilisées pour réaliser notre rêve, qui est devenu aussi le leur.

L'expédition est planifiée dans les moindres détails, rien n'est laissé au hasard. Notre succès et notre vie dépendent de cette organisation minutieuse. Je me mets en devoir de relire mes livres sur les expéditions au mont Everest et je note toutes les informations pertinentes. Inspirés des expéditions passées, nous trouverons une stratégie d'ascension et d'acclimatation. Apprendre des bonnes expériences, comme des mauvaises, est très enrichissant. Nous vérifions le parcours à l'aide de photographies et de descriptions. Nous planifions l'utilisation de l'oxygène durant l'assaut final. Il est complexe de gérer le précieux oxygène puisque le débit de la bouteille peut être ajusté, augmentant ou diminuant ainsi sa durée. Nous avons aussi rencontré trois Québécois ayant tenté l'Everest en 2000, Benoit Robitaille, François Bédard et Claude Bérubé. Quelle était leur stratégie ? Que changeraient-ils dans leur planification s'ils y retournaient ?

Lors de l'expédition Canada Everest 2000, un masque à oxygène gelé a forcé Claude Bérubé à renoncer au sommet. Nous en tirerons des leçons en emportant deux régulateurs et deux masques chacun. De son côté, Yves Laforest, le premier Québécois au sommet du monde en 1991, avait décrit les conséquences d'une tente trop petite au camp 3, laquelle rendait le repos impossible. Nous avons donc opté pour des tentes trois places aux camps 3 et 4. Lors de la planification, il faut se servir de l'expérience des autres, bonne ou mauvaise.

Départ en 2004

Après deux années de travail, nous sommes enfin prêts. Les valises sont faites, il ne reste plus qu'à dormir. Demain nous partons pour notre grande aventure, notre rêve. J'ai de la difficulté à trouver le sommeil et ne cesse de me questionner : Suis-je à la hauteur ? Et si je ne reviens pas ? Comment vais-je faire pour être loin des miens durant près de trois mois ? Le travail et la fatigue des dernières semaines ont raison de moi et je sombre dans un profond sommeil. De toute façon je ne peux plus rien faire, le sort est jeté.

25 mars 2004. Ce matin, sincèrement, c'est la partie la plus difficile de toute l'expédition : quitter les miens. Cela me bouleverse. Je dois partir rapidement, sinon je ne partirai pas. Je prends un dernier déjeuner à la maison. Le téléphone a sonné très tôt et je prends le message. C'est Patrick Gabarou, le célèbre grimpeur français que j'ai rencontré lors de l'exploration de l'Everest en 2003. Il nous souhaite bonne chance et nous encourage. Quel dommage que j'aie manqué son coup de fil, probablement à cause du décalage horaire. Je suis touché de recevoir un appel d'une grande personnalité du monde de la montagne, et je trouve très sympathique qu'il ait pris le temps de me téléphoner.

J'embrasse Julien et Gabrielle, mes enfants, et je dis au revoir à Hélène, mon épouse. J'ai préféré qu'ils ne viennent pas au départ de l'autobus. Je veux éviter les déchirements et partir sans me retourner. Je dois bloquer mon esprit, éviter de penser. Si je n'y arrive pas, je ne partirai pas, je ne quitterai pas les miens. Mon truc ? Je me dis que si je m'ennuie trop je reviendrai ! Je me dis aussi que c'est la dernière fois. Un mécanisme de défense sans lequel je ne pourrais pas quitter la maison. Quand j'étais plus jeune, lorsque je me suis enrôlé dans les Forces armées canadiennes, je me suis répété à tous les jours, durant les sept premiers mois : « encore une journée et demain tu décideras ». J'y suis finalement resté deux ans; j'y ai appris le leadership, l'anglais et même le pilotage d'avions ! Je me trouve ridicule de faire des projets qui m'éloignent de ma famille, je ne comprends pas, ou devrais-je plutôt dire, je ne comprends plus. Lorsque mes enfants m'étreignent pour la dernière fois, j'ai les yeux pleins d'eau. J'embrasse ma femme et me sauve le plus rapidement possible, l'émotion est trop forte.

Au départ de l'autobus c'est la cohue, le magasin La Vie Sportive est plein. Quelle ambiance différente du départ de l'expédition exploratoire de 2003 ! Cette année, nous sommes 21 personnes dans l'autobus, qui a été nolisé pour la circonstance. Nous avons décidé de partager l'aventure avec des gens de la région qui nous accompagneront jusqu'au camp de base à 5400 mètres d'altitude. Dix jours de marche à flanc de montagne où il n'y a ni route, ni télévision, ni véhicule. Un dépaysement assuré. Nous avons confié le mandat à Eco Plein Air, une compagnie de Québec spécialisée dans ce type de voyage. Marc-André et Josée, les propriétaires, se sont montrés à la hauteur de nos attentes.

Nous embarquons dans l'autobus après des salutations qui n'en finissent plus. Direction aéroport de Dorval, Montréal. Je me repose en chemin car je sais que les trois jours de vol seront longs. Nous transitons par Londres et Bangkok, avant d'atterrir à Katmandou. Durant le trajet, nous déballons notre matériel électronique, car une commandite de dernière minute nous a permis d'acheter deux caméras et un ordinateur. Le tout doit servir à envoyer des images de l'expédition à l'émission *Salut Bonjour* du samedi matin à TVA. Nous espérons que les caméras tiendront le coup dans les difficiles conditions climatiques qui prévalent sur l'Everest. Il s'agit d'un nouveau modèle haute définition de JVC jamais testé dans des conditions si extrêmes. Elles passeront le test haut la main.

Je l'ai déjà dit, nous sommes des gens sérieux qui ne se prennent pas au sérieux ! Nous annonçons nos couleurs au groupe de randonneurs qui nous accompagne. Mario et moi empruntons le micro du chauffeur et lançons des appels, dont celui-ci : « Mesdames et messieurs ici le commandant de bord. Nous volons présentement à une altitude de 30 000 pieds... ». Notre folie est contagieuse et tout le groupe suivra cette voie... certains nous ayant même battus sur ce terrain !

Les vols se succèdent les uns après les autres, entrecoupés d'interminables attentes dans les aéroports. Nous arrivons finalement à destination où nous attend notre ami Kili Sherpa, le maître d'œuvre de la logistique de notre expédition au Népal. On nous conduit sans attendre à notre hôtel, le Katmandu Guest House où nous passons deux jours avant de reprendre l'avion pour Lukla, début de la marche d'approche. Entre-temps, nous avons beaucoup à faire. Il faut premièrement aller chez Kili pour l'essai de nos masques à oxygène et la vérification des bonbonnes. Nous avons assez de bouteilles pour faire une deuxième tentative si la première échouait en raison de la météo. Nous avons aussi pris deux masques et deux détendeurs chacun. Ce choix s'avérera crucial puisque certains cesseront de fonctionner, et, n'eût été de ces doubles, l'un de nous aurait probablement dû renoncer au sommet. Nous en profitons également pour choisir la nourriture des camps supérieurs en fonction de nos goûts personnels et de la facilité de préparation. Nous apprenons une bonne nouvelle : Kili sera avec nous au camp de base pour toute la durée de l'expédition. Avec le patron sur place, nous sommes certains d'avoir un service cinq étoiles. Il coordonnera trois expéditions sur l'Everest, celle de Mountain Madness, de Discovery Channel, et la nôtre.

Autrefois, une expédition à l'Everest se planifiait presque à 100 % dans le pays d'où elle était originaire. Tout était acheté avant le départ, ou à l'arrivée, à Katmandou, et était ensuite acheminé vers le camp de base. Aujourd'hui, on utilise des pourvoyeurs locaux qui fournissent la nourriture, les porteurs, les yaks, les tentes, la génératrice, le gaz, les permis, les Sherpas, etc. Le travail est grandement facilité puisque les pourvoyeurs sont sur place et s'occupent des nombreuses formalités avant notre arrivée. Pour une expédition à l'Everest, rien n'est laissé au hasard et le choix du pourvoyeur est d'une extrême importance. Les services de Kili ne sont pas les moins dispendieux, mais ils sont les meilleurs. Payer moins cher pour avoir de moins services équivaut peut-être à manquer le sommet, ce qui n'est pas une bonne décision. Les trois Sherpas d'altitude choisis par Kili auront gravi dix fois le sommet de l'Everest après leur victoire en notre compagnie. Ce sont des vétérans de l'Everest et des sommets himalayens.

Notre expédition est non commerciale, ce qui signifie que nous l'avons planifiée, organisée, dirigée, contrôlée et financée dans ses moindres détails. Une expédition commerciale est généralement composée de gens peu expérimentés qui ne pourraient la faire sans l'aide de guides qui planifient tout du début à la fin. Ces guides leur disent quoi faire, quand le faire et comment le faire, le tout sous une supervision constante. Les clients d'expéditions commerciales gravissent la montagne avec leurs jambes, mais je considère la préparation de l'expédition aussi difficile, sinon plus, que l'ascension proprement dite. Je n'enlève rien au mérite des « commerciaux » d'avoir gravi l'Everest. Mais ce n'est vraiment pas comparable aux expéditions privées. Peut-on dire qu'un passager d'un paquebot traversant l'Atlantique a la même expérience que le capitaine qui doit planifier la route, la météo, la sécurité ? L'expérience nécessaire et celle acquise ne sont pas les mêmes. Nous avons suffisamment d'expérience pour être indépendants, ce qui nous permet d'avoir le contrôle sur le déroulement de l'aventure. Personnellement, je ne voudrais pas confier ma vie à des inconnus dans un endroit aussi dangereux que l'Everest. Venir ici sans expérience adéquate, c'est jouer avec sa vie.

L'expédition nécessite 100 yaks et 33 porteurs pour acheminer le matériel au camp de base. Onze personnes sont affectées à la cuisine en plus d'un cuisinier pour le camp 2 à 6500 mètres. Des Sherpas d'altitude au nombre de trois complètent cette équipe dans le seul but de nous aider dans notre ascension vers le sommet. Deux années de préparation ont été nécessaires à la réalisation de ce projet et à la recherche assidue des 250 000 $ qu'il en coûte pour gravir l'Everest. Pour les curieux, les dépenses se répartissent à peu près ainsi : pré-expédition 2003 : 30 000 $; agence népalaise (porteurs, Sherpas, nourriture locale, tentes, oxygène, corde) : 100 000$; permis d'ascension du gouvernement népalais : 45 000 $; avion : 15 000 $; équipement : 40 000 $; télécommunication et caméras : 10 000 $. Et on ajoute environ 10 000 $ pour les pourboires, l'hébergement en ville, les extra pour les bagages.

29 mars 2004. Nous venons d'atterrir à Lukla sur la piste inclinée se terminant par un mur de pierre. Les freins ont fonctionné (!) et nous rejoignons le reste du groupe qui avait quitté Katmandou quelques heures avant nous. Nous prenons un copieux petit déjeuner dans un *lodge* où Tshering nous accueille chaleureusement. Il était notre guide lors du retour en 2003 et nous avait emmenés dans un bar appartenant à son cousin, dans le village de Namche Bazar, à plus de 3400 mètres d'altitude. Tout le monde en chemin est un cousin ou une cousine de Tshering, puisque son père a eu plusieurs femmes. Il nous a raconté qu'il ne pouvait pas aller sur l'Everest, puisqu'il avait promis à sa mère de ne plus jamais y monter après le décès de son père ayant eu lieu au sommet. Pour cette raison, il guide les groupes et s'occupe de la gestion du camp de base. Nous croisons également Takla qui nous a servi de guide lors de la reconnaissance de 2003. Il travaille pour une autre expédition. Nous sommes en terrain connu et cela est très important. La reconnaissance de 2003, c'est la préparation psychologique à l'expédition, le petit quelque chose qui fait tout la différence. C'est bon d'être de retour dans l'Himalaya !

Il fait chaud, trop chaud. Je fonctionne beaucoup mieux lorsqu'il fait froid. Les gens qui nous accompagnent forment une belle équipe et nous donnent une énergie nouvelle. J'aime les voir découvrir le paysage tout comme je l'ai fait en 2003. Nous atteignons le village de Phakding vers la fin de l'après-midi et nous installons le campement pour la nuit. Ce dernier est composé de tentes deux places pour la nuit et les repas se prennent dans les maisons de thé. Les privilégiés de l'Everest ont une tente double chacun. La raison est fort simple : comme nous passerons deux mois et demi dans ces tentes, il est préférable d'être à l'aise immédiatement. De plus, nous devons économiser nos forces pour l'ascension et il est plus facile de se reposer lorsque l'on est seul dans sa tente. Après une première nuit paisible, un incident survient. Isabelle, une fille de notre groupe, ne se sent pas bien en raison de l'altitude. Après plusieurs discussions entre Yves, le père de la jeune femme, les responsables du trekking et nos guides népalais, nous décidons qu'elle demeurera à Phakding avec son père et un Népalais jusqu'au lendemain. Si la situation s'améliore, ils nous rejoindront demain, sinon ils devront retourner à Katmandou puisqu'ils ne peuvent descendre plus bas, Phakding étant le premier village de notre périple.

30 mars 2004. Je viens d'arriver à Namche Bazar à 3400 mètres d'altitude et je suis seul. J'ai pris un peu d'avance sur le groupe, et je vais tenter de marcher plus lentement, car il faut économiser nos forces pour le sommet de l'Everest. Il neige, la température ne semble pas aussi clémente que l'an passé. Le camp est installé dans l'arrière-cour d'une maison de thé. Les Népalais font un travail incroyable. Ils démontent le camp le matin pendant que nous déjeunons, et s'empressent de rejoindre, avant nous, le prochain site pour y installer le nouveau camp avant notre arrivée. Je m'engouffre dans ma tente et entreprend de mettre des vêtements plus chauds. À cette altitude, la température est plus fraîche, surtout lorsque le soleil est caché par les nuages comme c'est le cas présentement. Ma deuxième nuit sous la tente est excellente et un soleil radieux me tire du lit.

31 mars 2004. Au matin, une triste nouvelle. Même si elle se sent mieux, Isabelle repart pour Katmandou avec son père. Elle se sent très fatiguée et il n'y a pas de chance à prendre. C'est dommage car ils ne verront pas l'Everest, mais j'admire la sagesse de leur décision. Aujourd'hui, c'est jour de repos et j'en profite pour flâner dans le village avec Claude. Gâteaux et café espresso sont au menu dans une véritable pâtisserie allemande. Quel luxe à une telle altitude ! Nous profitons de ce confort pendant qu'il est toujours disponible, car bientôt ce sera la misère au pluriel. J'ai profité de l'installation téléphonique par satellite de Namche Bazar pour appeler Hélène; quel bonheur d'entendre sa voix et quelle invention merveilleuse que le téléphone satellite.

Ma famille me manque terriblement. J'envie les randonneurs qui nous accompagnent de pouvoir rentrer chez eux dans quelques semaines. Je me demande sérieusement comment je vais tenir le coup si longtemps. Je dois chasser ces pensées de ma tête, car je vais me mettre à courir vers le bas et rentrer chez moi. Je me demande pourquoi je fais cela. Pourquoi je quitte mon confort, les miens. Je le saurai de nouveau dès mon retour; c'est le dépassement, le goût de l'aventure; c'est forcer les limites et réaliser un rêve.

1er avril 2004. Nous nous sommes mis en marche tôt ce matin pour atteindre en fin de journée le village de Tengboche, juché sur une colline. C'est dans ce village qu'est situé le monastère bouddhiste visité en 2003. Nous avons passé la soirée sur le perron à discuter de tous les sujets possibles avec le groupe de trekking et nous sommes allés au lit vers 21 h. Peu de temps après, mon estomac s'est mis à faire des siennes et j'ai compris que je serais malade, je me suis alors rendu à la cabane servant de toilette sans attendre. Je me doutais de l'approche de ces problèmes digestifs, car, durant la soirée, je me suis senti faible, ce qui ne m'arrive jamais sauf si je couve une grippe ou un autre problème de santé. J'ai passé une nuit entière entre ma tente et la toilette avant de me décider à prendre de l'Imodium, peu après, tout s'est arrêté sec ! On ne soupçonne pas la valeur de la petite pastille verte lorsqu'on est à l'autre bout du monde, elle seule peut nous aider. Au petit matin, j'étais très faible et sans appétit. Mais comme je ne voulais pas rester dans cet endroit peu hospitalier, j'ai décidé de me rendre à Dingboche, village merveilleux plus propice au repos.

2 avril 2004. J'ai de la difficulté à mettre un pied devant l'autre et ne songe qu'à une chose, me coucher. Nous faisons halte dans un *lodge* pour le dîner et je me questionne : Arrêter ou continuer ? Je suis si faible que j'appréhende le reste de la route. Je ne veux pas demeurer dans ce *lodge* peu invitant. Mario propose de rester ici avec moi et de poursuivre au petit matin. C'est chic de sa part et cela démontre très bien notre solidarité. Je décide de continuer malgré la fatigue et nous reprenons la route. Je progresse difficilement et Mario doit porter mon sac à dos car je n'y arrive plus. Je comprends que si nos intestins nous jouent des tours avant l'assaut du sommet, nous ne pourrons tout simplement pas grimper. Marcher durant six heures à 4000 mètres d'altitude sans énergie et le ventre vide, c'est extrêmement difficile. Mais je l'ai fait et ma performance n'était pas si mal puisque je suis arrivé en même temps que l'arrière-garde de notre groupe. Cet épisode m'a clairement démontré que je pouvais compter sur Mario en cas de problème et pour cette raison je suis presque heureux d'avoir eu des problèmes d'intestins !

En route, nous avons fait une halte dans un monastère du village de Pangboche où un Lama nous a bénis en vue de notre ascension. Cette cérémonie est extrêmement importante pour nos Sherpas et je m'y suis plié volontiers, bien que je sois faible et probablement fiévreux. Le Lama nous a remis des foulards de soie qu'il a bénis en nous demandant de les porter jusqu'au sommet de l'Everest. On nous a aussi remis la petite cordelette rouge nommée *Sungdi* qui se porte au cou, pour assurer notre sécurité. Deux ans plus tard, au moment où j'écris ce livre, je la porte toujours. Quant à Thile, il a fait bénir les drapeaux de prière qu'il portera jusqu'au sommet.

3 avril 2004. Jour de repos à Dingboche, à 4400 mètres. Le groupe de trekking est parti faire l'ascension d'un sommet surplombant le village. Pour ma part, je vais mieux et j'ai même déjeuné. Pour le dîner, Mario et moi nous rendons à la maison de thé Snow lion lodge où nous étions allés en 2003. Nous savons que l'établissement possède une douche et que les repas y sont excellents. La douche, luxe suprême, est une petite cabane, attenante à la maison, munie d'un réservoir sur le toit que l'on remplit d'eau chauffée sur des poêles au kérosène. J'y ai mangé une excellente pizza aux champignons et nous avons fait la connaissance de Willie Benegas, le responsable du groupe de l'expédition commerciale de l'entreprise Mountain Madness de Seattle. Willie a atteint le sommet de l'Everest trois fois et récidivera une quatrième fois cette année. C'est avec leur expédition que nous partagerons la cuisine du camp de base tout en restant entièrement autonomes pour ce qui est du reste. Willie guide trois clients qui ont chacun

déboursé 65 000 $ américains pour atteindre le toit du monde. Ils semblent être tous dans la cinquantaine avancée, ce qui n'empêchera pas deux d'entre eux de réussir.
Les voir ici me rappelle la tragédie de 1996 où 8 personnes sont mortes en 24 heures durant une tempête sur l'Everest. Le guide et fondateur de Mountain Madness, Scott Fisher, était au nombre des victimes. Sans complètement désapprouver les expéditions commerciales, je ne peux pas être en accord avec elles puisqu'elles vont à l'encontre d'un principe de base, voire de survie, en très haute altitude : l'autonomie des membres de l'équipe.

Si un client vient à défaillir au sommet de l'Everest, le meilleur guide du monde ne pourra rien pour lui, car le guide est lui-même très proche de sa propre limite. Je ne voudrais pas avoir à ma charge des clients en haute altitude puisque ma survie est tributaire de leur expérience. Guider des gens suffisamment entraînés et expérimentés dont le guide est une chance supplémentaire au succès de l'expédition peut être acceptable. Guider des novices qui font leur classe au pied du toit du monde, c'est jouer à la roulette russe.

Au camp de base de l'Everest, j'ai vu des gens recevoir des cours d'escalade, version débutant. J'en avais entendu parler, mais le voir c'est autre chose. En très haute altitude, la tête ne suit pas toujours, et si la situation devient dangereuse, seule l'expérience peut nous sauver. C'est tellement important à mes yeux que je la place en tête de liste, bien avant la forme physique, même si cette dernière est importante également.
En 2004, il n'y a pas eu de tempête comme en 1996, mais le bilan des morts a tout de même été de 7 personnes. Peut-on parler de tragédie ? De manque d'expérience ? Le drame de 1996 était prévisible. Le sommet a été atteint vers 16 h, alors qu'une tempête enveloppait la montagne. C'est beaucoup trop tard et ça ne laisse aucune chance pour redescendre dans la clarté du jour. De plus, le vent se lève toujours en fin de journée sur la montagne, augmentant la difficulté de la descente. À cette étape d'une ascension, le grimpeur est épuisé et le moindre petit changement climatique ou de lumière peut faire toute la différence. Il faut grimper de nuit pendant qu'on a de l'énergie et descendre de jour lorsqu'on est épuisé, de cette façon on maximise les chances de survie. Le facteur humain est en cause dans cette tragédie. Oui la tempête est responsable, mais si le sommet avait été atteint en matinée, ils auraient fort probablement tous survécu.

4 avril 2004. Nous avons atteint le village de Lobuche à 4800 mètres d'altitude. Je vais mieux et j'ai même rêvé à la lasagne de Louise, ma belle-mère ! Une des membres du groupe de trekking est arrivée au village en pleurs, complètement épuisée. Nous l'avons installée dans sa tente et lui avons donné à boire. Au souper, elle allait mieux. Le voyage commence à être plus difficile lorsqu'on flirte avec les 5000 mètres. Plusieurs membres du groupe prennent des médicaments contre le mal de l'altitude. Pour ma part, je me porte à merveille et je ne prends aucun médicament; je trouve d'ailleurs dangereux d'en prendre sur une base régulière ou à titre préventif. Il ne faut pas camoufler les symptômes comme le mal de tête, car si la médication n'en vient pas à bout, il faut arrêter de monter ou même de descendre. Faire disparaître le mal avec une surdose, c'est jouer à l'autruche ainsi qu'aller au-devant des problèmes.

L'expédition préparatoire de l'an passé nous permet de bien doser l'effort et de nous sentir en terrain connu, ce qui est excellent pour le moral. Le village de Lobuche n'est pas le plus joli, mais cette fois nous couchons dans des tentes et non dans le dortoir comme l'année précédente. Les nuits sont froides et j'ai hâte d'arriver au camp de base. La marche d'approche est merveilleuse mais j'ai déjà fait ce parcours. Je suis ici pour gravir l'Everest et non pour découvrir le pays comme en 2003.

5 avril 2004. Nous serons deux jours à Gorak Shep, dernier village avant le camp de base à 5180 mètres. L'endroit compte trois bâtisses et une immense plaine de sable qu'on appelle la plage. Le groupe va bien malgré que je m'inquiète du fait que plusieurs prennent du Diamox, remède contre le mal d'altitude.

Nous prenons notre repas du soir sous la tente cuisine pour la première fois, puisque notre groupe, plus imposant, ne peut être accueilli dans une maison de thé pour le repas. Cette tente nous servira de cuisine, de salle de réunion et d'espace de rangement pour les prochains deux mois... aussi bien s'y habituer tout de suite !

6 avril 2004. La majorité des membres du groupe sont partis vers 5 h ce matin pour voir du sommet du Kala Pattar le lever du soleil derrière l'Everest. C'est une des plus belles vues de l'Everest, et comme le Kala Pattar culmine à 5600 mètres, c'est excellent pour l'acclimatation. Je suis demeuré couché car j'avais davantage besoin de sommeil que d'acclimatation. Il faut être à l'écoute de son corps. J'ai profité de la matinée pour me laver, me raser et faire ma lessive. Enfin nous partons demain pour le camp de base. J'en ai un peu marre de toujours lever le camp; j'ai hâte de m'installer.

Josée et Marc-André ne se sentent pas bien. Marc-André a vomi toute la nuit et il se repose. J'espère que demain il pourra terminer la dernière étape et contempler « de ses yeux » le fameux camp de base.

Je suis dans ma tente et il neige abondamment. Kili nous a rejoints, c'est rassurant d'avoir le patron avec soi. Nous savons qu'il peut régler n'importe quel problème, et, en plus, c'est un ami. Je me sens en super forme. J'ai récupéré de ma nuit passée à la toilette et maintenant je veux grimper là où la terre s'arrête. L'autre jour, lorsque j'étais malade, j'ai douté. J'ai douté de ma capacité d'atteindre le sommet dans l'état où j'étais. J'ai cru que mes forces ne reviendraient pas à cette altitude. Heureusement tout est rentré dans l'ordre. Je m'endors doucement en pensant que demain ce sera la dernière fois que nous démonterons le campement.

Au petit matin, la routine commence par un réveil avec thé, café ou chocolat chaud au lit ou devrais-je dire à la tente. Ensuite, on nous donne un plat de *washing water* pour faire notre toilette. Finalement, nous prenons notre petit déjeuner pendant que l'équipe de Sherpas défait le campement.

Katmandou capitale du Népal

Temple de Swayambhunath communément appelé temple des singes

Ama Dablam

Monastère de Tengboche

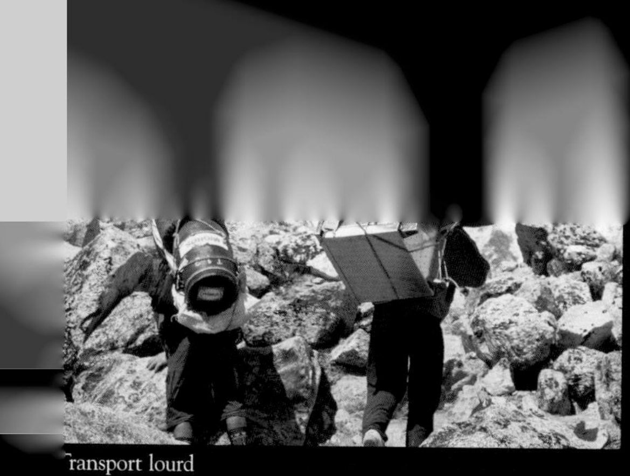
Transport lourd

Rasage au camp de base, Maxime Jean

Mario Dutil traversant une crevasse de la cascade de glace du Khumbu

Camp 1 et la vallée du silence

Montage du campement, village de Phakding

Traversée d'un pont

Village de Namche Bazar

Enfants népalais sur la route de l'Everest

Tri du matériel pour les camps supérieurs.
Gauche à droite, Passang Sherpa, Thile Sherpa,
Mario Dutil, Wongchhu Sherpa et Maxime Jean

Gorakshep, dernier village avant le camp de base

Tente cuisine du camp 2 et
Kahla Sherpa le cuisiner d'altitude

Notre camp de base à l'avant-plan

Cérémonie de la Puja

L'équipe de gauche à droite, debout, Maxime Jean, Passang Sherpa, Claude St-Hilaire, Rinji Sherpa, Wongchhu Sherpa, Tshering Sherpa, Mario Dutil, Kahla Sherpa, Gabriel Lemieux, Assis Kili Sherpa et Thile Sherpa

Maxime Jean dans la cascade de glace de Khumbu

Camp 1 en regardant vers le bas

Passang Sherpa atteignant le dessus de l'éperon des Genevois

Avalanche de poudreuse dévallant du Nuptse

Du col Sud, vue sur la vallée du silence

Le col sud

En route pour le camp 3 dans la face du Lhotse avec vue sur l'Everest

Maxime Jean et Passang Sherpa au col sud avant l'assaut du sommet

Arrète sud-est

Pays de montagnes

Ressault Hillary vue du sommet sud, dernier obstacle avant le sommet

Vue vers le bas à partir du sommet

Maxime Jean au sommet de l'Everest le 16 mai 2004 à 8h29 am

Passang Sherpa exhibant le drapeau népalais au sommet de l'Everest

Cho-Oyu, 8201 mètres, 6e au rang mondial

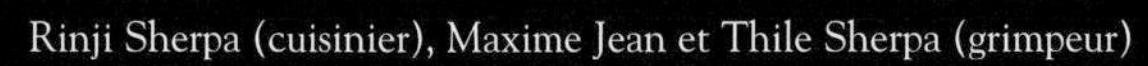

Rinji Sherpa (cuisinier), Maxime Jean et Thile Sherpa (grimpeur)

Camp 1

Panne moteur dans le désert

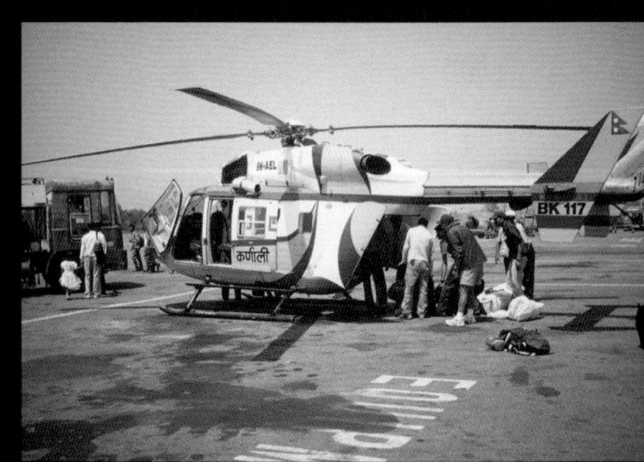

Moyen de transport de Katmandou
à la frontière du Tibet

Camp de base « on the rocks » !

7 avril 2004. L'arrivée au camp de base n'est pas passée inaperçue. Nous avons eu un accueil mémorable des Sherpas de l'expédition de Discovery Chanel. Leurs Sherpas ainsi que le personnel de cuisine étaient avec nous en 2003 lors de la pré-expédition. J'ai beaucoup d'admiration pour les Sherpas. Ils grimpent les montagnes dans des conditions difficiles et sont fiers de ce qu'ils accomplissent. Ils ne recherchent pas la gloire ou la fortune, mais simplement la satisfaction du travail bien fait. Voilà pourquoi je les admire et probablement le ressentent-ils. Nous avons adopté une attitude de respect envers eux, envers leur accomplissement. Nous les traitons comme des membres à part entière de l'équipe et c'est pour cette raison qu'ils nous ont reçus comme on reçoit un vieil ami. En 2003, j'avais laissé un chapeau à Danou Sherpa et j'ai pu constater qu'il l'avait toujours. En général, ils revendent les équipements donnés par les expéditions. Mais Danou s'est plutôt empressé de me montrer qu'il possédait toujours le chapeau. Lorsque nous reviendrons du sommet, Danou prendra soin de nous, même si cette année il travaille pour une autre équipe.

À notre arrivée au camp de base, les trois chercheuses de l'Université Brown de Providence au Massachusetts, les mêmes rencontrées en 2003, nous ont aussi réservé un accueil chaleureux. Elles sont ici afin de poursuivre l'étude débutée en 2003 sur les effets provoqués par l'altitude sur le jugement des grimpeurs. Je me sens comme quelqu'un qui arrive à une fête, retrouvant famille et amis. Pourtant je suis au camp de base de l'Everest. C'est bon signe car je me sens comme à la maison.

Notre camp est bien installé. Les tentes sont montées sur le glacier du Khumbu au pied de la fameuse cascade de glace de l'Everest menant au camp 1. Aucun endroit plat n'y existe et le sol doit être façonné avant d'y installer une tente. C'est un travail laborieux dont les Népalais s'acquittent avec le sourire. Une immense cuisine est montée au centre du campement, cuisine que nous partageons avec l'équipe de Mountain Madness, dont les quartiers sont voisins des nôtres. Les murs de la cuisine sont faits de pierres empilées et le toit consiste en une bâche tendue. Cette installation sert de cuisine, de réfectoire et de dortoir pour le personnel népalais. Seuls les Sherpas d'altitude et les patrons, comme Kili et Tschering, dorment dans des tentes individuelles.

Une autre grande tente sert de salle à dîner et de rangement pour les alpinistes. Présentement nous y prenons nos repas avec le groupe de trekking, ce qui porte à 19 le nombre de convives, nous y sommes donc un peu à l'étroit. Dans quelques jours nous serons 4 personnes à prendre nos repas dans cette tente et nous regretterons l'ambiance chaleureuse dont nous jouissions avec 19 personnes. Cet abri est équipé d'un petit chauffage au kérosène en prévision des froides nuits du camp de base. Un système qui ne dégage aucune chaleur, mais qui chasse l'humidité. De longues soirées à discuter autour du poêle en compagnie de nos amis népalais resteront à jamais gravées dans ma mémoire.

J'ai eu le privilège d'apprendre à les connaître, d'en savoir plus sur leur mode de vie, leurs habitudes. Notre sirdar ou chef des Sherpas, Wongchhu, est un père de famille attentionné qui consacre du temps à sa femme et à ses enfants lorsqu'il n'est pas en expédition. Nous avons laissé les Sherpas utiliser régulièrement le téléphone satellite pour donner des nouvelles à leurs familles afin de rassurer celles-ci. Je vivrai un moment privilégié, au retour de l'expédition, lorsque je déambulerai dans les rues de Katmandou en tenant la main des deux enfants de Wongchhu. Les voitures y circulent de façon désordonnée et me confier la responsabilité des enfants m'a vraiment touché. Je sens que nous formons une équipe où chacun a un rôle important.

Une troisième tente complète l'installation. Nous y avons installé notre quartier général et notre centre de communication. Cette grande tente avec plancher, que utilisons pour les réunions, nous a été prêtée par la compagnie The North Face, Gabriel y dort pour assurer la sécurité des équipements. De temps à autre, on y écoute aussi des films projetés sur l'ordinateur. Cela divertit et permet d'oublier la rudesse des lieux. Nous avons fière allure, emmitouflés dans nos sacs de couchage avec du « popcorn » pour créer une véritable ambiance. Notre système de communication comprend deux téléphones satellites, six radios portatifs et une base radio reliée à une antenne qui fera l'envie des autres expéditions présentes au camp de base. Mario a calibré l'antenne si précisément que nous passons directement, sans relais, jusqu'au sommet de l'Everest. Plusieurs expéditions se serviront de notre radio lorsque leurs équipes partiront à l'assaut de la montagne. Un panneau solaire et une génératrice alimentent le tout en électricité. Nous avons également deux caméras vidéo dont les nombreuses batteries sont rechargées dans cette tente.

Nos logements individuels reposent sur une butte en retrait, ce qui nous permet de nous reposer, peu importe le moment de la journée ou de la nuit. Notre camp est le dernier sur le glacier et nos tentes sont les plus éloignées de toutes, ce qui réduit considérablement les aller et retour dont sont victimes les autres expéditions sur le glacier. Le camp de base est visité par des groupes de trekking de façon continue, lesquels, généralement, ne viennent pas jusqu'à notre camp. Ceux qui font le détour sont habituellement des compatriotes.

Les installations sanitaires se résument à deux tentes toilettes comprenant une chaudière avec un sac qui est vidé de façon régulière et emmené par un népalais hors du camp de base. C'est un travail ingrat qui semble cependant bien payé. En 2003, nous utilisions un bol et une tasse pour nous laver, dans une tente prévue à cette fin. Cette année nous avons un système amélioré. Un seau d'eau relié à une pompe électrique qui est chauffé au kérosène. La tente douche s'est grandement améliorée, et ce, à notre grande satisfaction.

Nous avons fait la rencontre de deux femmes médecins qui ont installé une clinique médicale au camp de base. C'est rassurant mais cette clinique, qui n'est pas un hôpital, ne nous sera utile que pour des maux bénins. J'irai consulter pour une toux tenace qui sera identifiée comme la « Khumbu Cough ». Ce type de toux causée par l'altitude et le faible taux d'humidité afflige tous les occupants du camp de base à différents niveaux, et ce, durant toute la durée des expéditions.

J'aime notre camp de base. Nous avons une bonne installation et sommes bien positionnés. C'est important de créer un endroit agréable à vivre puisque nous y passerons six semaines complètes. Quand un camp est désuet ou mal organisé, c'est difficile de refaire ses forces.

Nos voisins, l'Expédition Discovery Channel, possèdent tout un attirail dans le but de filmer les quatre membres de leur équipe. Andrew Lock et Hector Ponce de Leon sont des montagnards professionnels ayant déjà atteint la cime de l'Everest à deux et trois reprises respectivement. Ben Webster en est à sa quatrième campagne à l'Everest, dont une avec l'atteinte du sommet. Shaunna Burke, la novice du groupe, devra attendre 2005, lors d'une seconde expédition, pour réaliser son rêve. Nous avons rencontré le groupe à Québec avant notre départ au moment où ils nous ont proposé de nous filmer sur la montagne pour une série de six émissions d'une heure devant être présentée à l'automne 2004. Nous subirons une véritable entrevue au camp de base dans le but de choisir lequel d'entre nous fera les interviews. Ils filment l'équipe en entier mais se concentreront sur une personne pour les entrevues en direct de la montagne. Le choix se portera sur Claude, à mon grand soulagement d'ailleurs, car je commençais à regretter d'avoir accepté, en raison du stress et du travail supplémentaire de ces entrevues. C'est un peu égoïste, mais je profiterai de la visibilité supplémentaire offerte par Discovery sans toutefois augmenter ma charge de travail. C'est la première fois que je monte si haut et je ne veux mettre aucun obstacle entre le sommet et moi. Être filmé pour Discovery Channel c'est intéressant, par contre, si le prix à payer c'est « manquer le sommet », il n'y a aucun intérêt. Finalement, tout le travail sera fait pour rien, car nous n'avons pas fait partie de la distribution de la série pour des raisons artistiques. Je crois personnellement que le succès de notre équipe a joué en notre défaveur. Discovery avait une équipe forte et voulait clairement montrer les deux côtés de l'Everest : la réussite et l'échec. Comme leur expédition a réussi, nul besoin de montrer une autre équipe victorieuse. Vive la victoire et tant pis pour Discovery !

8 avril 2004. Nous participons à la cérémonie de la *puja*. Ce rituel bouddhiste, qui a toujours fait partie des expéditions himalayennes, est un incontournable pour nos Sherpas et nous. Je vis ma deuxième *puja* en deux ans et suis toujours aussi fasciné par l'attention apportée à celle-ci. Le genévrier brûle sur l'autel en répandant des effluves agréables. Nos équipements d'escalade sont bénis par le Lama, venu spécialement du village voisin pour la cérémonie. Tout le groupe de trekking participe à cette bénédiction et en gardera un souvenir mémorable. Tout le monde n'a pas la chance de pouvoir assister à ce rituel, prélude aux expéditions himalayennes. C'est le côté exotique du voyage et du dépaysement. La plupart des *trekkers* avaient vu des photos ou des films de la cérémonie au camp de base de l'Everest.

Maintenant ils en sont les figurants et participent à son déroulement. Des offrandes sont faites avec de la nourriture, de la liqueur, de la bière et du *chang*. La célébration se poursuit durant deux heures sous un soleil de plomb et gare à ceux qui n'ont pas de chapeau ! Le rite s'achève avec des danses et de la farine lancée dans les airs. Comme je ne suis plus un novice de la puja, je me suis placé, cette fois-ci, dans le sens contraire du vent !

Dans la soirée nous avons eu une fête avec un gâteau confectionné par les cuisiniers. Le gâteau soulignait le départ du groupe de trekking le lendemain qui coïncidait avec l'anniversaire de l'une des participantes, Marie-Claude. La soirée se termine dans les chants et la danse avec les Népalais.

9 avril 2004. Ce matin l'ambiance est un peu morose. Nous prenons notre dernier petit déjeuner avec le groupe. Après avoir vécu d'intenses moments en leur compagnie, la séparation n'est pas facile, d'autant plus que leur départ annonce le début du travail pour nous. Si certains ont trouvé l'approche difficile, ils ont par contre tous persévéré et atteint leur objectif. Par son enthousiasme constant et son émerveillement, ce groupe nous a donné de l'énergie.

C'est avec tristesse qu'on regarde partir le groupe du camp de base. J'ai confié à Dominic, un ami d'enfance, une lettre qu'il remettra à Hélène, quand il sera de retour à Québec d'ici une semaine. Je les envie presque de pouvoir retourner à la maison. Pour être honnête, à ce moment précis, j'avais le cafard et je voulais en finir au plus vite avec cette expédition, ma famille me manquait cruellement. Le vide laissé par le départ du groupe n'était pas bon pour mon moral. Mais je devais m'y adapter, continuer si je voulais réussir. Dans l'après-midi, nous avons terminé le montage de la tente réservée aux communications : une petite merveille de technologie dans ce monde de glace et de roche. Une tâche qui a distrait mon esprit. Je me sens déjà mieux.

10 avril 2004. Avant-midi tranquille. J'en ai profité pour prendre une douche et aménager l'intérieur de ma tente le plus confortablement possible. Dans deux jours, nous ferons une première montée au camp 1 à 6000 mètres d'altitude. Vers la fin de l'après-midi, j'ai fait un appel en direct à l'émission *Salut Bonjour* du samedi matin, heure du Québec, et j'ai parlé à Gino Chouinard. J'en ai profité pour saluer Hélène, Julien et Gabrielle, en espérant qu'ils soient à l'écoute. Immédiatement après j'ai téléphoné, à l'aide du satellite, à Hélène, qui avait écouté l'émission. J'ai été chanceux de pouvoir lui parler, car à Québec le téléphone sonnait sans arrêt. Les amis et la famille avaient eux aussi écouté l'émission.

Mario et moi avons eu une belle discussion avec Kili sur les problèmes que vit le Népal en ce moment. Il nous a expliqué la raison d'être des maoïstes et nous a longuement entretenus de la royauté au Népal, qui tend à disparaître, et de la démocratie qui voudrait bien faire son chemin. Les problèmes du Népal ne sont pas nouveaux puisque je me rappelle que le pays était en proie à des manifestations vers le début des années 1990. En ce moment même, des manifestations et des grèves ont lieu à Katmandou, ce qui a pour effet de retarder l'envoi de nos images à la télévision pour nos appels en direct du samedi matin, heure du Québec. Kili nous a aussi parlé de son cousin qui travaille aux États-Unis. Pourquoi celui-ci travaille-t-il 80 heures par semaine pour un salaire de misère pour ensuite aller dormir dans un sous-sol privé de lumière ? Sans succès, Kili lui a régulièrement offert de venir travailler pour lui, ce qui lui permettrait d'être au grand air et d'avoir beaucoup de temps à consacrer à sa famille. La famille : une priorité pour Kili et les Népalais. En 2003, lors d'une visite à la résidence de Kili nous avions eu la surprise d'y rencontrer un vieux moine qui était hébergé par la famille. Cet oncle vivait chez notre ami, lorsqu'il ne s'adonnait pas à la prière. Ici, les résidences pour personnes âgées n'existent pas…

11 avril 2004. Après le petit déjeuner, nous avons une réunion avec l'équipe des grimpeurs incluant les Sherpas d'altitude que nous considérons comme des membres à part entière. Nous voulions connaître leur stratégie d'ascension de l'Everest. À notre grande surprise, elle était en tout point semblable à la nôtre, ce qui confirme que nous avons bien travaillé. La stratégie d'ascension est primordiale puisqu'elle conduit à la victoire ou l'échec et peut-être même à la mort. Il faut créer un équilibre entre l'acclimatation à l'altitude et la fatigue. Lorsque nous grimpons de plus en plus haut pour habituer notre corps au manque d'oxygène, on se fatigue beaucoup. S'acclimater au maximum tout en se fatiguant au minimum, ce n'est pas une mince affaire. Tout est une question d'équilibre.

Pour nous, l'ascension de l'Everest se fera par étapes. Quatre phases, un camp à chaque niveau. De cette façon le matériel nécessaire sera acheminé graduellement et nos corps pourront s'adapter à l'altitude extrême de façon progressive. Nous transportons donc tentes, réchauds, cartouches de gaz et nourriture. Un seul camp ne sera pas installé : le quatrième, au-dessus de 7500 mètres dans la fameuse zone de la mort, où l'acclimatation est impossible. Les bonbonnes d'oxygène y sont acheminées, les tentes également, mais celles-ci restent dans les sacs car le vent les aurait vite détruites. Son montage se fera lors de l'assaut final. Nous ne franchirons cette zone qu'une seule fois; bien qu'inhospitalière elle est incontournable pour qui veut gravir l'Everest.

Nous avons remis l'équipement personnel aux Sherpas : chapeaux « Pleau », faits au Québec, sac à dos haute technologie, lampe frontale… Les Sherpas sont relativement bien équipés de nos jours, mais ils sont toujours heureux quand nous leur donnons du matériel dernier cri.

Nous avons trié la nourriture commune destinée aux camps d'altitude et avons préparé le matériel d'escalade pour le départ prévu à 5 h du matin. Le but est de faire un aller-retour au camp 1 à 6000 mètres d'altitude. J'ai hâte de revoir la cascade de glace, de plus, bouger nous fera le plus grand bien. Depuis le début de l'expédition, Claude veut monter la caméra pesant quelques livres au sommet. Il revient souvent à la charge en disant que c'est le Sherpa qui la transportera. Cela implique que ce Sherpa sera plus fatigué et celui-ci n'est pas infaillible. J'ai eu une bonne discussion avec Claude hier, je crois que nous n'avons pas les ressources physiques et humaines nous permettant de filmer jusqu'au sommet de l'Everest. Ce n'était même pas prévu dans le plan élaboré avant notre départ du pays. J'aimerais filmer mais ce qui compte pour moi c'est l'atteinte du sommet et je ne veux mettre aucun obstacle entre mon objectif et moi.
Claude persistera à vouloir emmener la caméra, et c'est grâce à cet entêtement que nous aurons un film de notre expédition, preuve que trois têtes valent mieux qu'une. Sans Claude nous n'aurions peut-être pas eu de film du sommet – il a bien fait de ne pas m'écouter ! C'est Thile Sherpa qui a monté la caméra au-dessus du camp 3 parce que nous n'avions pas la force de le faire. Nous lui avons laissé la décision de monter ou non la caméra, pour ne pas nuire à sa propre ascension. Il filmera des images d'une grande qualité. Les Sherpas ont une endurance hors du commun et Thile le prouvera en filmant tout au long de l'ascension vers le sommet, sans même être ralenti ou incommodé par la tâche.

Vers le camp 1, au-dessus du vide

12 avril 2004. Lever à 4 h du matin. Difficile de trouver l'appétit à une heure aussi matinale. Mais avec la journée qui nous attend, il est primordial de prendre des forces. Vers 5 h, nous nous mettons en marche vers le « Khumbu Icefall », cette dangereuse section de blocs de glace et de crevasses où le parcours se modifie constamment au rythme des avalanches. La rumeur dit que ce glacier fortement incliné bouge de 1 mètre par jour. Certes, il bouge plus rapidement que les autres glaciers en raison de sa forte pente, mais un mètre par jour, ça me semble exagéré.

Si on ne contrôle pas les avalanches, on contrôle cependant le moment de la journée où l'on marche dans les endroits exposés. C'est ainsi qu'on maximise nos chances de salut. Le matin, très tôt, est le meilleur moment, ou le moins pire, pour franchir la cascade de glace. Lorsque le soleil de l'après-midi réchauffe le glacier, mieux vaut être au camp 1 ou au camp de base sous peine d'être broyés par des blocs de glace aussi grands que des immeubles. Wongchhu nous accompagne et nous franchissons les premiers obstacles avec appréhension et lenteur, car nos corps ne sont pas acclimatés à cette altitude. Le parcours est jalonné de cordes fixes auxquelles on s'attache par sécurité. Les plus grandes crevasses sont équipées d'échelles qui permettent de les franchir dans une relative sécurité.

Je suis nerveux. Non pas parce que nous allons franchir encore une fois la cascade de glace, mais parce que c'est le début de l'aventure et que celle-ci nous conduira beaucoup plus haut qu'en 2003. Je connais bien cette montagne pour avoir lu et relu les nombreux récits de sa conquête. Je connais ses difficultés, ses pièges et j'ai peur de ne pas être prêt. Je me suis entraîné physiquement deux heures par jour, cinq jours par semaine, en plus de pratiquer l'escalade depuis vingt ans, et tout à coup j'ai peur de ne pas en avoir assez fait. J'ai peur de l'échec mais j'ai aussi la crainte de ne pas revenir, de ne pas revoir les miens. Je chasse ces idées sombres, mais elles referont surface constamment.

J'ai peine à m'habituer à marcher sur trois ou quatre échelles attachées l'une à l'autre au-dessus d'un vide de 300 pieds. Les crampons ne facilitent pas la marche sur les barreaux d'aluminium et le grimpeur ressemble à un funambule. La vitesse sur les échelles est un gage de sécurité et celle-ci nous fait cruellement défaut à 6000 mètres. En comptant l'expédition préparatoire, c'est la cinquième fois que je franchis la cascade de glace, je suis toujours aussi nerveux. Je ne crois pas que l'on puisse ignorer le danger, seules nos réactions peuvent être contrôlées. La traversée du glacier semble plus facile qu'en 2003 et nous prenons 4 heures pour atteindre le camp 1 comparativement à cinq heures l'an passé. Ce résultat est imputable à l'expérience et à la facilité du parcours de cette année. Au camp 1, nous avons croisé Passang qui redescendait du camp 2, où lui et Thile venaient de laisser du matériel. Nous demeurons au camp le temps de boire de l'eau et de manger des barres de céréales. Il faut déjà se mettre en route pour atteindre le camp de base avant l'arrivée des rayons du soleil de l'après-midi qui rendront très instable le glacier. Il nous faudra trois heures pour atteindre le camp de base, où un repos bien mérité nous attend.

13 avril 2004. Jour de repos. Je me suis rasé et j'ai fait du lavage. Méthode manuelle, séchage écologique. Willie, le guide de l'expédition commerciale Mountain Madness, est venu me dire que ses clients, au nombre de 3, ont mis 12 heures pour aller et revenir du camp 1, soit 4 heures 30 minutes de plus que nous. Ils avaient déjà fait la moitié du chemin il y a quelques jours sans parvenir à se rendre au camp 1. En fin de compte notre performance n'est pas mal du tout. C'est encourageant.

14 avril 2004. Petite tension entre Gabriel et Claude. Ils se sont parlé fort et Gabriel n'est pas venu déjeuner ce matin. Nous avons mandaté Mario pour parler à Gabriel, car je ne suis pas la meilleure personne pour intervenir puisque Gabriel est un ami d'enfance. Ce climat de tensions a débuté avant le départ de l'expédition. Certains conflits entre Gabriel et l'équipe ont meublé les dernières semaines au Québec, et j'ai fait la sourde oreille en me disant que c'était le stress des préparatifs et que tout s'arrangerait. Le conflit vient d'une divergence d'opinion entre lui et nous sur le rôle qu'il doit jouer au camp de base. Gabriel veut se consacrer à la réalisation d'un film sur le camp de base et y consacrer beaucoup d'énergie et de ressources (batterie, cassettes, temps). Nous, on veut donner la priorité à l'expédition et non à son projet, ce qui m'apparaît plus juste.

Au champ de bataille, rien ne s'arrange, au contraire. Nous sommes épuisés par l'altitude et le travail continu et devenons plus irritables, moins patients. Si des tensions surgissent dans un environnement paisible où chacun est frais et dispo, croire qu'en haute altitude tout rentrera dans l'ordre, c'est se mettre la tête dans le sable. Je sens aussi un conflit de personnalité entre Claude et Gabriel, ce qui n'arrange pas les choses ! Les disputes créent des tensions inutiles. Dans la journée, tout le monde s'est assis autour d'une table et nous avons réglé le problème… jusqu'à la prochaine fois. Heureusement, les disputes n'iront jamais plus loin et l'expédition se terminera somme toute assez bien.

À 16 h, au camp de base, se tient une réunion de toutes les équipes, à laquelle j'ai été mandaté pour représenter la nôtre. On y décide qui équipera la voie au-dessus du camp 3. On en profite pour vérifier les fréquences radio, pour ne pas interférer les uns avec les autres. J'ai emmené Wongchhu puisqu'il connaît bien la montagne et les forces en présence. Généralement, ce sont les grandes expéditions comme celle de Discovery Channel qui équipent les dernières sections de la voie. Les petites expéditions comme la nôtre fournissent habituellement de l'équipement comme des cordes, des pieux à neige et quelquefois des bonbonnes d'oxygène.

Puisque le taux d'échec sur l'Everest s'élève à 90 %, il est permis de croire que plus nous serons haut sur la montagne, plus nous risquerons de retrouver une voie sans cordes fixes. Nous devrons équiper nous-mêmes le parcours dans les dernières sections ou passer sans cordes en nous fiant à notre expérience et à notre sang-froid. Dans le passé, une expédition sur l'Everest nécessitait une équipe nombreuse. Certains avaient comme tâche d'équiper les premières sections, d'autres s'occupaient de la vallée du silence entre les camps 1 et 2, et ainsi de suite. Généralement, deux grimpeurs seulement étaient désignés pour aller au sommet. Aujourd'hui, la coopération internationale permet à une petite équipe comme la nôtre de réussir en partageant le travail. Sur l'Everest, il n'existe pas de conflit entre les « peuples », mais plutôt une harmonie et une entraide qui devraient servir de modèle au reste de la planète. Nous avons besoin des autres pour réussir et ils ont besoin de nous.

15 avril 2004. 3e jour de repos. Nous avons passé l'avant-midi à préparer nos sacs pour demain. Nous traverserons une seconde fois la cascade de glace pour nous rendre au camp 1. La deuxième phase d'acclimatation prévoit deux nuits au camp 1, en plus d'une poussée au camp 2 à 6500 mètres. Nous sommes toujours en terrain connu pour cette phase.

Depuis le début de l'expédition, nous utilisions un téléphone satellite fourni par une entreprise de chez nous. Malheureusement la communication coupe régulièrement, cela est extrêmement déplaisant en particulier quand on est en ondes en direct à la télévision ou à la radio. Une fois de plus, on a constaté l'efficacité de Kili Sherpa, notre ami et grand patron de la compagnie népalaise Mountain Hike. Kili nous a fourni un téléphone satellite d'une entreprise indienne qui fonctionne à merveille et qui nous coûte moins cher !

Camp 2 : la base avancée

16 avril 2004. Nous sommes partis vers 5 h 45 pour le camp 1 situé à près de 6000 mètres et l'avons atteint 5 heures trente plus tard. Le camp est installé à la sortie de la cascade de glace du Khumbu, sur un plateau, au début de la vallée du silence. Je ne sais pas pourquoi nous avons été plus lents que la première fois; probablement à cause de la fatigue accumulée. Sur l'Everest on jongle toujours entre l'acclimatation et la fatigue. Nous voulons nous acclimater au maximum, mais il faut aussi économiser nos forces. L'équilibre entre les deux fait toute la différence entre le succès et l'échec. Nous avons passé l'après-midi à faire fondre de la neige. On a mangé comme des cochons ! Au dîner, patates en purée servi avec pâté de foie gras. Pour le souper, poulet thaï et..., comme nous avions toujours faim, Claude et moi l'avons agrémenté de poulet mexicain. Vive la nourriture déshydratée ! Pour l'instant on s'en accommode. Mais sous peu on ne pourra même plus y faire allusion sans avoir des nausées. Je me suis couché vers 17 h 30 et j'ai passé une nuit agréable, même si je me suis réveillé plusieurs fois à demi conscient.

17 avril 2004. Je prends mon café pendant que l'eau chauffe pour le gruau. À 7 h 15, nous démarrons et nous touchons le camp 2, aussi appelé camp de base avancé, en 2 heures 45 minutes seulement. Le camp 2 est situé dans le fond de la vallée du silence, sur la gauche, au pied de la face sud-ouest de l'Everest à 6400 mètres d'altitude. Notre performance est bonne puisque nous avons quitté le camp 1 tardivement. Il faisait très chaud dans la vallée du silence, nom donnée au glacier qui part du camp 1 et se prolonge jusqu'à la paroi du Lhotse à 7000 mètres d'altitude. La chaleur y est suffocante et je me suis juré de partir plus tôt la prochaine fois. C'est le camp le mieux organisé sur la montagne, lequel peut aussi servir de refuge en cas de mauvais temps. Autrement dit, si nous devons retraiter lors de l'assaut du sommet nous reviendrons au camp 2 et attendrons une accalmie, ce qui évitera un long retour au camp de base.

Le retour au camp 1 nous a pris une heure seulement et nous voilà encore à faire fondre de la neige pour la nourriture et les breuvages. Mario partage sa tente avec les stocks de bouffe, alors que je partage la mienne avec Claude. Mario semble fatigué et n'a pas faim. J'ai proposé pour le lendemain un réveil à 5 h et un déjeuner rapide composé de barres énergétiques afin qu'on puisse se mettre en route vers le camp de base le plus rapidement possible. Plus bas, nous pourrons prendre un copieux déjeuner préparé par nos fidèles et indispensables cuisiniers.

La journée s'achève et une tempête s'annonce. Comme nous sommes Québécois, les tempêtes ne nous font pas peur. Cependant, je suis un peu plus inquiet à 6000 mètres d'altitude que dans le confort de ma maison. En début de soirée, nous avons parlé en direct à l'émission matinale *Salut Bonjour* de TVA. Nous y avons décrit notre progression et le début de la tempête, rien de rassurant pour nos épouses qui suivent l'émission au Québec.

18 avril 2004. La tempête a fait rage toute la nuit. J'ai passé la nuit à somnoler en me réveillant occasionnellement, en raison des bourrasques de vent, mais la fatigue a finalement eu raison de moi. Au petit matin six pouces de neige fraîche recouvrent le sol. Vers 6 h, j'ai appelé le camp de base et j'ai appris que plusieurs avalanches avaient balayé, durant la nuit, la cascade de glace, rendant toute retraite impossible. Notre seule route vers le camp de base est coupée. Nous avons donc décidé de prendre le temps de déjeuner et ainsi d'attendre plus d'informations sur l'état du glacier que nous devons emprunter dans la journée. Claude ne semble pas à l'aise avec l'idée de partir pour le camp de base et nous décidons d'attendre les nouvelles. Après un copieux repas, Thile nous informe qu'il voit du camp de base l'équipe des Ice Fall Doctors rendue aux trois quarts de la cascade de glace et que si nous décidons de partir maintenant, le chemin sera de nouveau praticable lorsque nous atteindrons les premières échelles. Les Ice Fall Doctors sont des Sherpas chargés d'installer et d'entretenir la route de la cascade de glace entre le camp de base et le camp 1. Comme le glacier est en perpétuel mouvement, ils travaillent tous les jours à la reconstruction et à la consolidation du parcours. Ils sont à la charge des expéditions présentes sur la montagne, un autre bel exemple de coopération internationale.

Claude n'est toujours pas à l'aise avec l'idée de partir vers le glacier. Pour ma part, je ne vois pas l'utilité d'attendre puisque la cascade est presque ouverte à nouveau et je trouve plus dangereux de m'y aventurer tard dans l'avant-midi alors que le soleil réchauffera le glacier.

Vers 8 h, on décide de partir et je prends la tête. Je dois dégager les cordes fixes qui ont disparu sous six pouces de neige fraîche. Après seulement une demi-heure de ce manège, nous rejoignons les Ice Fall Doctors et descendons paisiblement au camp de base ou un repos bien mérité nous attend. Dans le dernier tiers de la descente, Lakpa, le caméraman de l'expédition Discovery Channel, nous rejoint et nous filme jusqu'au camp de base où nous attendent deux autres caméras. Difficile de croire que l'on est à l'autre bout du monde.

19 avril 2004. Trois jours de repos sont prévus à l'horaire. Nous en profitons pour redescendre au village de Gorak Shep nous changer les idées et manger de la pizza. On y fait la rencontre d'un groupe de trekking de Montréal. Pour le groupe qui arrive d'en bas, le village de trois maisons en pierres ne représente pas le grand luxe. Pour nous qui arrivons des glaces éternelles, c'est le paradis.

23-24 avril 2004. Deux départs sont reportés en raison des conditions météorologiques. Nous étions censés monter au camp 2 pour y séjourner de 4 à 5 jours et faire une poussée au camp 3. Il neige abondamment en ce 24 avril, ce qui rend la cascade de glace impraticable. Elle devrait être ouverte aujourd'hui ou demain. De forts vents ont soufflé sur le camp 2 durant toute la nuit et les Sherpas ont été obligés de retenir les tentes pour éviter qu'elles ne s'envolent. Des conditions difficiles mais normales sur l'Everest.

Lors des départs avortés, Wongchhu, le chef des Sherpas, me demandait souvent vers la fin de la nuit si nous devions partir comme prévu. Chaque fois je lui renvoyais la question : « Qu'en penses-tu ? C'est toi le spécialiste de l'Everest ! » Il me répondait : « We should stay ! Too much snow ! We will see tomorrow ! » Nous avons traité les Sherpas comme des compagnons de cordée et leur avons donné beaucoup de latitude en ce qui concerne les décisions. Je crois qu'ils ont grandement apprécié. Nous en aurons la preuve lorsque à la toute fin de l'aventure les Sherpas des autres équipes nous donneront leurs coordonnées pour éventuellement grimper avec nous.

Le camp 3 et la face du Lhotse

25 avril 2004. Nous pouvons enfin nous rendre sur la montagne. Nous avons besoin d'exercice et nous allons être bien servis puisque cette troisième phase nous conduira au camp 3 à 7400 mètres d'altitude, la limite de la « zone de la mort » où l'acclimatation n'est plus possible. Le corps humain s'acclimate à la haute altitude en produisant plus de globules rouges qui sont les transporteurs de l'oxygène. Au-dessus de 7500 mètres, cette production ne se fait plus et la condition physique se dégrade au fur et à mesure que le séjour se prolonge à cette hauteur. Tout ce que l'on peut faire, c'est entrer et sortir le plus rapidement possible de cette zone si on veut éviter les problèmes qui surviendront à coup sûr si on y reste trop longtemps.

Comme d'habitude, on se lève très tôt et l'on mange... ce qui est de plus en plus difficile. En haute altitude, on perd l'appétit de façon plus significative à mesure que se prolonge notre séjour. Dans mon cas c'est catastrophique. Je n'arrive plus à avaler quoi que ce soit. Claude et Mario semblent y arriver plus facilement. La nourriture me donne des haut-le-cœur et je dois faire gaffe si je ne veux pas être malade. Il faut que je trouve une façon de me nourrir si je veux avoir la force de grimper au sommet. Manger des œufs et du gruau vers les 4 h du matin est essentiel, mais cette fois j'en suis incapable et les répercussions se feront sentir plus vite que je ne l'avais imaginé.

Nous prenons la direction de la cascade de glace devenue familière et progressons rapidement. Nous nous payons même le luxe de doubler plusieurs équipes parties avant nous. Nous sommes arrêtés par un groupe d'une dizaine de personnes qui semblent peu expérimentées, dont les deux premiers membres prennent une quinzaine de minutes pour franchir une crevasse. Pour éviter de prendre du retard dans cette zone risquée, Claude leur demande s'il est possible de nous laisser passer. On franchit la crevasse en moins de deux minutes devant des yeux ébahis. Avant qu'ils n'aient pu dire quoi que ce soit, on disparaît derrière un sérac. Peut-être avons-nous croisé un de ces fameux groupes commerciaux, de plus en plus nombreux sur l'Everest. Mieux vaux être devant eux que derrière, car la rapidité est un gage de sécurité dans la cascade de glace. Nous arriverons en fin d'avant- midi au camp 1, tandis que le groupe que nous avons doublé précédemment y arrivera peu avant la tombée du jour, dans un piteux état.

Vers la fin de la cascade de glace, un peu en dessous du camp 1, Mario et moi sommes très faibles et n'avançons que très lentement. Je songe même à faire demi-tour tellement je suis éprouvé, j'ai même de la difficulté à mettre un pied devant l'autre. Je concentre toute ma force et toute ma volonté pour atteindre le camp 1 pour aviser ensuite du déroulement de la journée. Le seul problème c'est que le camp 1 est démantelé puisque nous devions nous rendre directement au camp 2. Nous n'avons plus de tentes ni de nourriture à ce camp et nos sacs de couchage sont déjà au camp 2. Nous continuons néanmoins notre lente progression en cherchant la raison de cette faiblesse soudaine. Je soupçonne deux causes : le petit déjeuner manqué de ce matin et la fatigue résultant de notre séjour prolongé en altitude. Nous sommes en altitude depuis le 29 mars, ce qui est beaucoup. Nous atteignons finalement l'emplacement du défunt camp 1 et je mentionne à Mario que je ne peux pas envisager de continuer vers le camp 2 dans l'état où je me trouve. Mario est dans un état similaire.
La journée est avancée et le soleil de l'après-midi aura vite fait de nous rattraper si nous continuons. Nous nous étions fait surprendre lors d'une ascension précédente et notre vitesse avait chutée dramatiquement.

Claude, en meilleur état que nous, n'a même pas fait d'arrêt au camp 1 et poursuit son ascension vers le camp 2, qu'il atteindra vers le milieu de l'après-midi. Notre sirdar Wonchhu ainsi que Lakpa Sherpa, le caméraman de Discovery Channel, nous offrent de nous prêter leurs sacs de couchage. En échange, ils prendront les nôtres au camp 2. Lakpa nous offre sa petite tente demeurée au camp 1 comme relais, qui contient, fort heureusement, une bonne réserve de gaz et de nourriture. Mario et moi nous installons rapidement dans la tente et une fois le rituel du réchaud accompli, nous somnolons au rythme du crépitement de la flamme. Au menu : pâtes avec sauce italienne, nous sombrons peu après dans un sommeil réparateur.

La solidarité entre les équipes est exemplaire. Lakpa fait partie de l'expédition de Discovery Channel et n'a aucune obligation envers nous. Malgré tout, il nous offre l'hospitalité et son propre équipement sans lesquels nous aurions été obligés de continuer ou de descendre. Son geste me touche, me rassure sur la bonté humaine. On croit trop souvent que les équipes présentes sur la montagne sont en guerre les unes contre les autres et se disputent le sommet, alors que ce n'est pas le cas. Comme partout dans le monde, il y certaines équipes ou certains individus qui ne sont pas si gentils, mais heureusement ils ne sont pas légion. Nous avons tous intérêt à nous entraider, car si quelqu'un se retrouve en difficulté, il y a fort à parier que nous devrons tous nous porter à son secours.

26 avril 2004. Je me lève en pleine forme. La bonne nourriture et une bonne nuit de sommeil ont eu raison de mes faiblesses. On allume le réchaud et on prépare le café et le gruau qui nous donneront la force de poursuivre notre route jusqu'au camp 2, où Claude et les Sherpas nous attendent. Ensuite, on ramasse nos affaires juste au moment où Wonchhu arrive du camp 2 pour s'enquérir de notre état. Quelle gentillesse ! Nous sommes en pleine forme. Comme l'avant-midi avance, nous nous mettons en route sans tarder.

Nous avons fait la grasse matinée, encore une fois nous le payons, car la température est élevée dans la vallée du silence. Nous avons pris 3 h 30 du camp 1 au camp 2, en raison de la chaleur, et je me promets (encore) de me lever tôt la prochaine fois. La route entre les camps 1 et 2 est composée d'immenses crevasses qui coupent la vallée perpendiculairement et nous obligent à monter et descendre sans arrêt. Les crevasses sont trop larges pour être traversées à l'aide d'échelles. La voie n'est pas tellement difficile mais nous gagnons quand même 500 mètres entre les deux camps.

Le camp 2 est bien installé. Il est équipé d'une tente cuisine, incluant le cuisinier, et de tentes individuelles pour chacun de nous. On y passe beaucoup de temps, alors il est important d'y trouver un certain confort. Le repos est important et le chacun chez-soi favorise la récupération. Le cuisinier Kahla est toujours souriant et il fera deux aller-retour au col sud à 8000 mètres pour aider au transport du matériel. Kahla est jeune et il veut monter dans la hiérarchie en prouvant sa force. Comme il n'a pas de bottes pour la haute altitude ni de crampons, je lui prête mes bottes de rechange ainsi qu'une paire de crampons. En redescendant du sommet, je lui ferai cadeau de mes bottes et crampons en lui disant qu'il a maintenant tout pour devenir un sherpa d'altitude. Son anglais est rudimentaire mais son sourire est la preuve qu'il est heureux du cadeau tout en pensant à la promotion qui suivra probablement.

27 avril 2004. Je me lève tôt et constate que je dors depuis 12 heures. Mon sommeil a été entrecoupé de courtes périodes de réveil mais dans l'ensemble je dors bien. J'espère que le sommeil sera aussi aisé dans les camps supérieurs. Je viens de passer la nuit la plus « high » de ma vie, et si tout va bien je devrais battre ce record à deux reprises dans les prochaines semaines. Nous passons une journée de repos au camp 2 avant l'ascension vers le camp 3, et ce, toujours en vue de l'acclimatation, ce qui nous permet de préparer l'équipement pour les autres camps. Nous avons décidé de partir pour le camp 3 très tôt afin de nous d'éviter le soleil. La chaleur a diminué nos capacités chaque fois que nous sommes partis trop tard.

28 avril 2004. Il est 3 h 30 du matin et je prends mon petit déjeuner dans ma tente. La seule chose que je peux avaler c'est une barre de céréale aux fruits. Le départ pour le camp 3 se fera sous peu et il fait très froid. Nous partons pour un terrain inconnu. Lors de la reconnaissance en 2003, nous avions parcouru la voie jusqu'au pied de la face du Lhotse, maintenant le reste du parcours sera nouveau pour nous tous. Ça devient intéressant. Nous partons en exploration découvrir un terrain technique plus incliné que précédemment. J'ai hâte mais une crainte m'habite car je connais la réputation de la paroi du Lhotse. Chute de pierre, glace extrêmement compacte et froid sibérien, voilà ce qui nous attend. Nous avons décidé de nous rendre au camp 3 et de redescendre aussitôt dormir au camp 2, afin de regagner le camp de base le lendemain. Après le camp 2, nous suivons une faible pente qui mène au pied du Lhotse vers 7000 mètres. À partir de cet endroit la pente se redresse pour former un véritable mur incliné parfois jusqu'à 70 degrés. La pente formée de neige et de glace très compactes se termine 1000 mètres plus haut, au col sud. Le camp 3 est installé en plein milieu, à 7400 mètres.

J'arrive à la première corde fixe marquant le début de la paroi. J'attache ma poignée d'ascension qui coulisse vers le haut et se bloque lorsqu'on la tire vers le bas. La première section du mur est passée facilement, mais la suivante est plus raide et toute glacée. Pour ne rien arranger, le vent s'est levé et j'ai froid. Je sens mes mains et mes pieds geler. Nous progressons tellement lentement que nos corps ne peuvent se réchauffer. Je n'aime pas ça, j'ai l'impression que nous n'avons pas les bons vêtements, les bonnes bottes. À cause de la température et de la combinaison vent – altitude, je frissonne. Vivement le soleil.

Nous avons mis 5 h 30 pour atteindre le camp 3 et ainsi compléter notre dernière phase d'acclimatation. L'ascension est pénible dans la dernière section de la pente conduisant au camp 3. Nous sommes ralentis par le manque d'oxygène et le degré important de la pente. J'ai en mémoire l'histoire d'un Coréen sorti de sa tente au camp 3, pour des besoins pressants, qui avait oublié de s'attacher. On a retrouvé son corps le lendemain au pied de la face du Lhotse.

Nous atteignons finalement l'emplacement du camp où on laisse du matériel avant de redescendre aussitôt vers le camp 2. La descente est relativement plus facile, car nous descendons en rappel sur des cordes fixes dans la face du Lhotse. Le bas est atteint en moins d'une heure. Nous sommes maintenant prêts pour le dernier assaut vers le sommet qui devrait avoir lieu lorsque le vent diminuera en altitude, généralement vers la mi-mai. L'ascension s'est bien déroulée mais nous avons fait une erreur en gardant des bottes de moyenne altitude au lieu d'utiliser celles pour la haute altitude. Ces dernières sont chaudes mais très lourdes et on voulait en retarder l'utilisation. Le froid cinglant a eu raison de nos orteils et de nos doigts. On perd la sensibilité au bout des orteils et celle-ci ne reviendra qu'après plusieurs semaines dans le cas de Mario.

Nous sommes de retour au camp de base pour un repos bien mérité. La route est tracée et nous devons patienter jusqu'à la « fenêtre météo » qui nous permettra d'atteindre le sommet. Les vents au sommet sont violents comme tout au long de l'année d'ailleurs. La « fenêtre météo » est une accalmie du vent qui survient juste avant l'arrivée de la mousson, la saison des pluies. Elle se produit généralement vers la mi-mai et sa durée n'est que de quelques jours seulement. Les camps doivent donc être montés et l'acclimatation complétée avant l'arrivée de cette fenêtre, sans quoi le sommet est inatteignable. On surveille cette accalmie à l'aide de rapports météo et on planifie l'arrivée au sommet durant cette trêve. Planification minutieuse et stratégique : voilà une des clés du succès pour toucher le sommet.

Du camp de base on aperçoit régulièrement des avalanches, souvent lointaines et sans danger. Mais ce midi, l'effondrement d'un sérac situé sur l'épaule ouest de l'Everest a dégénéré en une monstrueuse avalanche dont le souffle a balayé le camp. Un imposant nuage de neige a grossi devant nous et s'est rapproché à toute vitesse. Je me suis réfugié dans la tente cuisine pour éviter de respirer les fines particules de glace contenues dans le nuage puis le ciel s'est obscurci. En deux campagnes sur l'Everest, c'était la première fois que je voyais le souffle d'une avalanche toucher le camp de base pourtant situé à grande distance des montagnes. Après, il y avait une odeur de glace fondue dans l'air. Au camp de base, l'événement a été sans conséquence, mais si nous avions été dans la partie inférieure de la cascade de glace, celles-ci auraient été dramatiques. À ces pensées, je retourne à ma tente personnelle où j'avais mis quelques vêtements à sécher que je retrouve éparpillés et enneigés à proximité de la tente.

Ce matin nous discutons de notre plan de match. Le vétéran de l'Everest, Willie Benegas, qui travaille pour Mountain Madness, une compagnie américaine d'expéditions commerciales sur l'Everest, nous recommande de monter une quatrième fois pour dormir au camp 3 avant de nous lancer à l'assaut de la montagne. Il nous mentionne que le fait de ne pas avoir dormi au camp 3 nous privera d'une partie de l'acclimatation nécessaire pour gravir le restant de la montagne. Comme nous avons été très lents lors de la dernière montée, je ne suis pas convaincu du bien-fondé de cette recommandation. Il est primordial de trouver le parfait équilibre entre une bonne acclimatation et un degré acceptable de fatigue. Au camp de base, mon pouls avoisine les 80 pulsations minute au repos, alors qu'il est autour de 50, au niveau de la mer. Je me fatigue sans rien faire. L'équipe conclut que nous avons davantage besoin de repos que d'acclimatation supplémentaire, alors nous décidons de nous rendre pour quelques jours dans le village de Dingboche, où une plus basse altitude sera propice à notre récupération. Nos Sherpas sont en accord avec cette décision et croient que nous sommes prêts pour l'assaut final. Je mets en application le meilleur conseil reçu de Benoit Robitaille avant mon départ pour l'Everest : « N'écoute pas les autres à l'Everest, et ce, peu importe leur expérience. Leur stratégie ne s'applique peut-être pas à toi. Écoute ton corps et fais-toi confiance ». Benoit a tenté l'Everest sans succès en 2000 et savait de quoi il parlait.

Après quelques jours de repos au Snow Lion lodge dans le village de Dingboche, nous revenons revigorés au camp de base. La météo est favorable pour une ascension et nous devons nous mettre en route sans tarder si nous voulons profiter du beau temps. Nous avons appris que Gabriel, notre « base camp manager », est parti pour un trek vers Gokyori et ne sera de retour que dans quelques jours. Kili n'a pas voulu le laisser partir seul, alors l'aide-cuisinier Rinji l'a accompagné, ce qui s'est avéré salutaire puisque Gabriel s'est blessé à un genou. Il sera de retour juste avant notre départ pour le sommet.

10 mai 2004. Ce matin, les Sherpas ont mis nos noms ainsi que des grains de riz dans une assiette. Ils ont pigé tour à tour le nom de leur compagnon de cordée et lancé dans les airs une poignée de riz en signe de chance. Je grimpe avec Passang Sherpa qui semble avoir une énergie inépuisable. Il est très drôle, en plus d'être un excellent danseur. Par contre son anglais laisse à désirer. Mario grimpe avec Wonchhu qui est le Sirdar, le patron des Sherpas. Claude grimpe avec Thile qui m'accompagnera l'année suivante au Cho-Oyu et deviendra vite un ami.

11 mai 2004. Nous avons droit à une cérémonie. Nos Sherpas nous rendent visite lors du souper. Surprise ! Ils ont apporté des canettes de Coca-Cola sur lesquelles ils ont posé un petit morceau de beurre près de l'ouverture pour nous porter chance. On décide alors de se rendre à la cuisine où une cérémonie se prépare avant l'assaut du sommet. Lorsque nous entrons dans la cuisine, les Népalais présents, au nombre de 20, nous applaudissent et nous font une place sur les sièges qui servent également de couchette pour le personnel de la cuisine. Sherpas et cuisiniers se sont tous cotisés pour acheter les canettes, un geste fort de signification. De l'encens brûle, répandant une odeur agréable, alors que la petite fête improvisée bat son plein avec des chants népalais et de la danse. Chacun notre tour, nous exécutons des danses népalaises. Heureusement, personne ne filme la scène… j'ai plus d'avenir comme alpiniste que comme danseur ! L'attention nous touche, mais la fête est de courte durée car nous avons une montagne à grimper aux petites heures du matin. De retour dans notre tente *mess*, Mario nous livre ses impressions : « Il y a quelques jours je me demandais si j'avais hâte de gravir la montagne ou si j'avais simplement envie de rentrer chez moi. La montagne est toujours plus patiente que nous. Aujourd'hui, je sais que j'ai hâte d'arriver au sommet ». Puis c'est au tour de Claude de nous livrer ses états d'âme : « Lorsqu'on traverse la rue, statistiquement, on peut y rester. Ici, la seule différence, c'est qu'on se le fait rappeler constamment, on y pense beaucoup plus ». Finalement je conclus : « Je sais ce qui m'attend là haut. Ça fait 30 ans que j'en rêve. Ça va faire mal physiquement et mentalement. J'ai hâte d'en finir avec la souffrance ».

La souffrance fait partie intégrante de l'ascension. Gravir les plus hauts sommets de la terre ce n'est pas une partie de plaisir, au contraire. On se demande constamment ce qu'on fait là, pourquoi on n'est pas tranquillement assis à la maison à profiter de la vie en compagnie de sa famille. Si c'était facile tout le monde irait sur l'Everest. Notre corps nous hurle de redescendre, et notre volonté nous pousse à continuer. L'ascension de hauts sommets, c'est un dépassement au même titre que celui du marathonien qui pousse la machine au maximum et s'écroule au fil d'arrivée.

Départ vers le sommet

12 mai 2004. Je me suis levé vers 3 h du matin. Gabriel était présent pour nous filmer et prendre le petit déjeuner avec nous comme avant chaque départ pour la montagne. La température est fraîche et la lune répand une lumière bleutée rendant le paysage féerique. Par contre, comme nous sommes absorbés par les préparatifs du départ, je n'ai guère le temps d'admirer la beauté des lieux. Le petit déjeuner est déjà sur la table et l'odeur des rôties se mélange à celle des œufs à la coque et du café. J'essaie tant bien que mal de manger un peu, mais à une heure aussi matinale l'appétit n'est pas au rendez-vous. Nos amis de l'expédition Discovery Channel sont venus nous saluer et nous mentionnent qu'en cas de besoin ils seront disponibles. Tout le camp était présent et nous sentions que ce départ n'était pas comme les autres. Wongchhu est venu nous chercher pour la cérémonie du départ. Il porte une assiette de riz et récite des prières bouddhistes. Nous le suivons jusqu'au lieu du cérémonial, l'autel de pierre où un feu brûle pour la circonstance. Le rituel avant le départ consiste à faire brûler du genévrier et à lancer du riz en signe de chance. Je me sens en forme et prêt à relever le défi. On se met en route et je me dis que c'est probablement le dernier départ pour cette année, du moins je l'espère. La traversée de la cascade de glace est tout aussi dangereuse, mais nous sommes rapides et l'emplacement de notre ancien camp 1 est vite atteint. Nous faisons une petite pause et repartons immédiatement pour éviter les chauds rayons du soleil dans la vallée du silence. Je communique par l'intermédiaire de la radio avec Gabriel au camp de base.

Maxime : « Je viens de mettre les pieds au camp 2. Trois heures et demie pour le camp 1 et le reste pour le camp 2. Claude suivait mais je l'ai perdu. Mario est arrêté au camp 1 pour manger un peu, alors je ne sais pas s'il est bien loin en arrière ».

Mario : « Tout le monde est arrivé sain et sauf au camp 2, et en plus on arrive dans un état nettement supérieur à la dernière fois, fais que ça pète le feu ! On est fiers, très fiers de ça. Notre acclimatation est acquise. On ferme le radio pour économiser les batteries. S'il y a quelque chose on t'appelle. Camp 2 terminé ».

Le répit à Dingboche s'est avéré salutaire : j'ai mis 5 h 30 pour aller du camp de base au camp 2, où nous passons une journée de repos avant de nous diriger vers le camp 3. Durant les journées de repos au camp 2, on passe du froid extrême à une chaleur intense durant l'après-midi. Il faut se dévêtir et rester dans nos tentes sans bouger, il fait vraiment trop chaud. Demeurer à l'extérieur est impossible car le soleil aurait raison de nous rapidement. Lorsque le soleil disparaît derrière les montagnes en fin de journée, c'est l'inverse qui se produit avec une chute drastique du thermomètre. En fait, ça ressemble au Québec avec ses variations de température ! On profite de la journée de repos pour écouter de la musique et planifier le matériel pour l'ascension vers le camp 3 et le sommet.

Nous enregistrons également une entrevue où nous mentionnons nos appréhensions pour la suite des événements. Nos peurs diffèrent selon notre expérience personnelle. Mario s'inquiète du manque de sommeil. Je le trouve très fatigué et je soupçonne qu'il a de la difficulté à dormir, d'où son inquiétude. Claude s'interroge sur l'ascension avec l'habit de haute altitude, le masque à oxygène, les lunettes... Il dit que nous serons habillés comme des astronautes et il n'a pas tort. Pour ma part, c'est le problème de la nourriture qui me hante depuis le début de l'expédition. Plus le temps passe et moins j'ai faim. J'atteindrai un seuil critique si nous devons prolonger l'expédition de quelques semaines. Par contre le sommeil ne me pose aucun problème et je dors comme un bébé.

Les craintes, ça fait partie du quotidien et il faut être capable d'en parler pour se rassurer les uns les autres, c'est ça la force de l'équipe. Chacun y apporte sa contribution par son travail, son expérience et sa personnalité. C'est normal de s'interroger sur la suite des événements. La journée est vite passée et nous voilà déjà au souper. Malgré les fettucinis Alfredo au menu, je n'ai pas faim.

14 mai 2004. L'atteinte du camp 3 fut assez facile et Mario s'emploie à redresser le plancher de la tente qui est tout, sauf droit. Une petite avalanche a atteint notre camp il y a quelques jours et Wongchhu a dû passer sept heures avec la pelle pour retrouver notre tente, qui avait complètement été ensevelie. Je peux constater que le modèle VE 25 de The North Face est très solide, car notre tente est intacte. Cette fois pas d'engelure, nous avons les vêtements et les bottes d'altitude. Nous ressemblons à des astronautes, mais on est au chaud et c'est tout ce qui compte.

Maxime : « On y est, on est au camp 3. On est comme perchés sur un balcon. On a la vue sur le camp 2. Tout le monde se sent bien sauf que, comme d'habitude, la dernière demi-heure est toujours longue ».

Claude : « Je suis très, très, très fatigué. Le dernier 100 mètres, je suis certain que ça nous a pris une heure pour le faire ».

Mario : « C'est avec un plaisir féroce, une joie immense qu'on annonce que l'on est rendus au camp 3. Ce fut une journée éprouvante, ça été me chercher les tripes. Je suis vidé, mais ça a d'la valeur. On a tous eu la goutte à l'œil, on voit le sommet de l'Everest juste à coté de nous ».

Nos voisins sont Hector et Andrew de l'expédition de Discovery Channel. Andrew est peu loquace mais Hector est fort sympathique. Nous passons le reste de la journée à faire fondre de la neige et nous entamons même une discussion culinaire. Est-ce les *cheeseburger* ou le poulet barbecue qui nous manquent le plus ? La discussion durera près d'une heure ! Nous avons faim sans toutefois pouvoir manger. La perte d'appétit en raison de notre séjour prolongé en haute altitude se fait de plus en plus sentir.

Nous partageons une tente à trois sur notre mince plate-forme attachée au flanc de la montagne. Relativement bien installés, nous limitons nos mouvements au strict nécessaire. Je me rappelle mes récits d'aventure dans lesquels les grimpeurs sont bloqués dans une tente minuscule où personne ne peut bouger sans déranger les autres. Difficile dans ces conditions de se reposer. Il faut se donner le maximum de chance, donc, à mon avis, posséder une tente suffisamment grande n'est pas un luxe mais une nécessité. Les Sherpas ne séjournent pas au camp 3 puisque leur capacité leur permet de nous rejoindre au petit matin à partir du camp 2 et de poursuivre avec nous vers le camp 4. Claude fait l'essai de l'appareil à oxygène avec lequel il compte dormir. Finalement il se ravisera et dormira sans l'appareil, ce qui à mon avis est préférable, car nous avons besoin d'acclimatation à cette altitude avant de monter plus haut. La nuit se passe relativement bien et comme à mon habitude je dors d'un sommeil de plomb.

15 mai 2004. Nous nous sommes levés en retard et Passang est arrivé vers 7 h. Nous n'étions évidemment pas prêts et il a dû patienter jusqu'à 9 h. Je me sens mal à l'aise de le faire attendre ainsi, mais il est impossible de précipiter le départ, nous devons nous hydrater et manger, car la journée sera longue. La notion de vitesse en haute altitude est relative puisque nous sommes engourdis par le froid et le manque d'oxygène. Enfin paré, je me mets en route sur un terrain nouveau. Après le camp 3 nous suivons la pente en ligne droite vers le haut pour finalement bifurquer sur la gauche et traverser un couloir qui est à éviter en cas de fortes chutes de neige. Cette traversée nous conduit à la fameuse « bande jaune » qui sera franchie rapidement. Mieux connue sous l'appellation « Yellow band », cette bande de rochers très caractéristique, de couleur jaune, barre le chemin dans la pente du Lhotse.

Mario : « On est rendus à la bande jaune tout près de 8000 mètres, c'est *hot* en crime (rires). C'est vraiment capoté, tu devrais être ici tu capoterais ! Moi, je dois continuer parce que je manque d'air, alors, c'est beau je te rappelle rendu au camp 4 à 8000 mètres. Terminé ».

Il faut par contre être prudent en raison de la roche qui glisse sous les crampons. Cette bande de roches très caractéristique de l'Everest traverse le couloir de part en part et ne ressemble en rien à l'autre rocher, beaucoup plus sombre, que l'on retrouve sur la montagne. Une fois cet obstacle franchi, nous terminons la traversée du couloir et atteignons la base de l'éperon des Genevois. Nous le franchissons à mi-chemin et une fois sur le dessus il ne nous reste qu'une petite traverse sur la gauche conduisant au fameux col sud. Je m'approche de la barre des 8000 mètres et je me sens extrêmement bien. Tant mieux.

À cheval entre le Tibet et le Népal

Le col sud est un endroit relativement plat entre le mont Everest et la montagne voisine appelée Lhotse. Il culmine à presque 8000 mètres et l'on y voit même des oiseaux. C'est un endroit désolé où nous installons le dernier camp, soit le camp 4. Le col est à cheval entre le Tibet et le Népal et est exposé aux vents les plus furieux. Il vaut mieux ne pas s'attarder dans cet endroit inhospitalier et en finir au plus vite. Tôt ou tard, les éléments se déchaîneront, c'est inévitable.

15 mai 2004. Deux heures de l'après midi, je viens d'atteindre le col sud à 8000 mètres d'altitude. J'ai mis seulement cinq heures, ce qui augure bien pour le reste de l'expédition. Je suis seul mis à part Passang qui m'a précédé de quelques minutes. Il fait un temps radieux mais le vent est costaud. Dès mon arrivée, je me débarrasse de mon sac à dos et, avec l'aide de Passang, j'entreprends de monter la tente. À cette altitude et en comptant la violence du vent, ce n'est pas une tâche facile.

Maxime : « Il n'y a aucune neige ici mais il y a des vents, je te dirais des pointes à 80 km/h. Mario et Claude étaient pas mal en arrière et je ne sais pas quand ils vont arriver. Je me sens très bien et l'ascension a très bien été. Passang est avec moi et on va monter une tente ».

Tshering me parle du camp de base.

Passang poursuit la conversation avec Tshering presque en chantant ! Mais c'est du népalais et je ne comprends rien. Gabriel revient sur les ondes et me demande de les appeler régulièrement.

Maxime : « OK. On va essayer de te rappeler le plus souvent possible, mais s'il vente comme il vente présentement, ça va être difficile mais on va essayer. Alors on rappelle avant de partir vers 9 h 30 ce soir ».

Je peux enfin contempler l'arête sud-est qui mène directement au sommet sud et ce que nous allons emprunter dans quelques heures, à la tombée de la nuit. Je peux voir distinctement des traces de pas le long de l'arrête, traces qui appartiennent probablement à l'expédition International Mountain Guides (IMG), qui sont partis pour le sommet la veille. Je prends plusieurs photos du mythique col sud de l'Everest et je remarque qu'il est relativement propre, débarrassé des nombreuses bouteilles d'oxygène laissées par les expéditions passées. Les expéditions de nettoyage et le renforcement des mesures sur la gestion des déchets par le gouvernement népalais ont porté fruit. J'allume le réchaud et entreprends de faire fondre de la neige, car j'ai grandement besoin de m'hydrater. Mes deux compagnons m'ont rejoint. Je partage ma tente avec Claude et Passang, alors que Mario partage la sienne avec Wongchhu et Thile.

Mario : « Namasté, Namasté. Un beau bonjour d'une altitude de 8000 mètres. Est-ce que la réception est bonne ? ».

Gabriel : « Oui, c'est très bien Mario comparativement avec Maxime tout à l'heure ».

Mario : « On est installés, on a monté les tentes. Pour te parler je suis obligé d'enlever l'oxygène. C'est très bien. Très, très exténuant mais c'est quelque chose à vivre, très intense. Au moment où on se parle, il y a des vents de plus de 100 km/ h. Les tentes sont attachées, pas avec de la roche, mais avec des rochers ! Les cordages au-dessus ne sont pas tous installés. On voit très bien les traces de pas de IMG. Reste en ligne 30 secondes, je parle avec Wongchhu et je te reviens. Camp de base, ici camp 4. Si tu veux me mettre en communication avec Tshering, notre ami Wongchhu voudrait prendre de l'information en népalais directement ».

Je réalise que j'ai franchi la barre des 8000 mètres et que j'y travaille depuis une heure, sans apport d'oxygène. Je me sens assez bien. Je me demande comment je vais me sentir plus haut sans bouteille d'oxygène, mais je chasse rapidement cette idée de ma tête. La stratégie adoptée de l'expédition pour la dernière phase de l'ascension est l'utilisation des bouteilles. Cette étape durera environ 16 heures du camp 4 au sommet avec retour au camp 4. Je pense au grimpeur italien Reinhold Messner qui, le 3 mai 1978, a réalisé la première ascension de l'Everest sans apport d'oxygène. C'est un être d'exception et il le prouvera de nouveau en devenant le 16 octobre 1986 le premier à avoir gravi les 14 sommets de plus de 8000 mètres. Jusqu'à ce jour, seulement 12 personnes ont réussi l'exploit des 14 montagnes de 8000 mètres. C'est dans son livre *Everest sans oxygène*, publié chez Arthaud, que Messner a raconté l'état de transe dans lequel il avait atteint le toit du monde.

Je suis heureux d'être enfin rendu dans la dernière phase de l'ascension et d'être dans une forme resplendissante pour affronter la portion la plus difficile de ce projet. Le début de l'aventure me semble si loin et pourtant nous y voilà.

Le départ est prévu pour 21 h 30, ce qui nous laisse quelques heures pour nous reposer. Nous avions décidé au Québec de fixer l'heure du départ relativement tôt, car à 8000 mètres d'altitude on ne peut refaire ses forces, on se dégrade continuellement. S'attarder plus longuement dans la zone de la mort n'est pas une bonne décision. Le plan d'ascension est primordial dans la réussite de l'Everest. Partir au mauvais moment peut facilement coûter le sommet. Le camp 4 a deux raisons d'exister. La première est de nous nourrir et de nous hydrater, deux opérations qui demandent du temps, donc un abri. La deuxième est d'avoir un toit pour le retour car nous n'avons aucune idée si nous aurons la force de monter le camp lors de la descente.

Claude et moi n'arrivons pas à nous reposer. Je me sens comme un enfant à la veille de Noël, j'ai hâte de partir, j'attends ce moment depuis si longtemps. L'heure de vérité a enfin sonné; dans moins de 24 heures je serai peut-être un *Everest Summiter*. Passang nous rappelle qu'il faut se reposer. Mais nous n'y arrivons pas, nous restons allongés, bercés par le ronronnement du réchaud qui poursuit sa tâche sans faillir. Claude me semble en pleine forme, et c'est agréable de partager notre tente dans le camp le plus élevé du monde. Claude nous avait un peu inquiétés avec un début de toux et des sécrétions abondantes quelques jours avant l'assaut vers le sommet. Tout semble rentré dans l'ordre. Tous les trois nous avons enfin notre chance de nous rendre au sommet.

À18 h 30, je n'en peux plus et je commence à m'habiller. Passang réussit à me résonner et je me recouche pour me reposer. Nous décidons après quelques discussions de partir un peu plus tôt et fixons le nouveau départ aux alentours de 20 h 30. Vers 19 h 30, on commence à rassembler nos affaires et on entreprend la lourde tâche de l'habillement dans cet univers glacé et sans oxygène. Une heure plus tard, nous sommes prêts pour le départ, il fait froid et plusieurs équipes sont également dans la course. Drôle d'ambiance à 8000 mètres d'altitude au col sud de l'Everest. Notre univers se résume à l'éclairage du faisceau de la lampe frontale et je peux apercevoir de la lumière, très haut sur l'arête sud-est. Probablement la lumière des lampes des gens que j'ai vus partir vers 18 h, ou une partie de l'équipe d'IMG, laquelle n'est toujours pas rentrée. Lentement nous nous dirigeons vers la pente qui conduit à l'arête sud-est. Il y a déjà du monde.

Mario : « USANA base camp ici camp 4, on confirme officiellement notre départ à 8 h 45, heure du Népal. On y va pour le sommet. Les conditions météorologiques ne sont pas parfaites. Des vents forts, intermittents par contre. Alors si Dieu le veut, parce que ça, c'est pas sous notre contrôle, il va prendre le contrôle là-dessus et nous accorder le sommet ».

Gabriel : « J'ai l'info météo à vous donner. À 30 000 pieds, vents de 30 nœuds et -27 °C. Pour demain, 15 nœuds de vent et -26 °C. On attend des nuages à 18 000 pieds avec de légères chutes de neige, mais vous allez être au-dessus donc ça ne vous concerne pas. Si vous partez maintenant, il y aura des petites bourrasques mais ça va s'arrêter plus tard ». La température donnée par Gabriel est celle qui prévaut durant le jour. Au départ pour le sommet, en pleine nuit, elle était de -50 °C.

Mario : « Merci. On va tenter de te contacter un peu plus tard, juste à titre d'information, personne n'a dormi. Ça dors pas ici. C'est dur à respirer, dur à dormir, dur à manger, dur à boire. Alors espérons que le sommet sera pas aussi dur que ça. Alors c'est parfait. Que Dieu nous garde, on s'appelle un peu plus tard mon ami. Camp 4 terminé ».

Gabriel : « Pour votre information il y a des gens de IMG qui sont partis, il y a maintenant 22 heures, du camp 4 et sont toujours sur la route du retour. Si jamais vous les voyez vous leur donnerez une bonne petite tape dans le dos parce qu'ils en ont vraiment besoin. Ils ont été réapprovisionnés en oxygène, en eau et en nourriture. Ils sont vraiment mal pris. Deux sont bloqués au balcon. Soyez très prudents, essayez de ne pas trop vous épuiser ».

Mario: « Bien reçu je communique l'information aux autres ».

Gabriel : « En redescendant, laissez votre radio ouverte. Si jamais il y a des problèmes vous pourrez au moins nous entendre. Je vous souhaite une bonne montée les gars, tout le monde est avec vous ».

Mario : « Ok parfait je te laisse parce qu'on est dans les préparatifs finaux et je ne veux pas me mêler. On a pas le cerveau très allumé. Deux plus deux, je m'en souviens par cœur, c'est quatre. OK, salutations. À la prochaine. Bye ».

Nous portons une combinaison en duvet « une pièce » fabriquée par la compagnie The North Face, expressément conçue pour la haute altitude. Elle nous protège du froid extrême qui avoisine les -50 °C. Ma tête est couverte d'un passe-montagne, d'une tuque et d'un chapeau Pleau. Avec une bonne paire de mitaines en duvet et des bottes de haute altitude je ne ressens pas le froid.

Au Québec, nous sommes privilégiés d'avoir des températures très froides. En écrivant cette dernière phrase, je peux m'imaginer les gens grimacer à ce passage. N'ayez crainte, j'aime la chaleur et ne suis pas fou. Elles nous ont préparés adéquatement aux températures de l'Everest. Je me souviens un soir d'hiver 2004 où Mario et moi avons testé nos combinaisons de duvet à la chute Montmorency dans la région de Québec. La température annoncée était de -46 °C avec le facteur vent. Nous étions restés immobiles, durant deux heures, face au vent et n'avions ressenti le froid que vers la fin. Le test avait été concluant. Cette fois nous jouons pour vrai, s'il y avait une défaillance dans l'équipement, nous risquerions gros.

« Summit ! Summit ! Summit ! »

J'ai l'impression d'être sur une autre planète. Je grimpe dans une pente neigeuse inclinée d'environ 40 degrés, je porte des lunettes claires, pour me protéger du vent, une bouteille et un masque d'oxygène ainsi qu'une énorme paire de bottes d'altitude avec des crampons. Je ne vois pas plus loin que le faisceau lumineux de ma lampe frontale, ce qui rend la scène fantomatique. J'entends le sifflement de l'oxygène qui arrive dans le masque et je réalise tout à coup que je suis parti pour l'assaut final de ce long périple commencé il y a deux ans. Au lever du jour je saurai… Je saurai si je suis à la hauteur de mes ambitions ou si j'étais insuffisamment préparé.

L'escalade n'est pas trop difficile, je vais tranquillement à mon rythme et double plusieurs personnes sans les reconnaître sous leur déguisement d'alpiniste. Je me retrouve soudain seul, précédé de quelques grimpeurs, très haut sur la montagne. Quelle sensation magique d'être seul en grimpant vers les étoiles. La pente est régulièrement interrompue par des passages verticaux en roche. Les lumières aperçues au départ sont bel et bien celles des gens d'IMG qui descendent du sommet après plus de 24 heures de leur départ du camp 4, ce qui est très long. Je les croise à mi-chemin de la pente qui conduit à l'arête sud-est, ils ont l'air exténués, dans un état second. Ils ont réussi et en sont revenus vivants, mais ils n'avaient aucune marge de manœuvre et aucune réserve, ce qui est dangereux. La fièvre du sommet, voilà ce qui me vient à l'esprit. Si une tempête s'était levée ou si la température avait chuté, nous aurions assisté à une autre tragédie, en direct cette fois-ci.

J'atteins finalement un endroit appelé le « balcon » où la pente rejoint l'arête. Si ce n'était de la noirceur, je pourrais contempler le Tibet et les plaines de l'Inde. Je décide d'y attendre Passang qui me suivait ainsi que le reste de l'équipe. Je suis assis à 8400 mètres d'altitude et je peux en profiter pour contempler les orages au- dessus des plaines de l'Inde annonçant l'arrivée prochaine de la mousson. Je peux voir les éclairs très loin en dessous. Je suis au-dessus des nuages, quel spectacle incroyable, quel privilège ! Je pense aux miens qui sont à la maison, bien au chaud, alors que moi je brave le froid dans ce haut lieu si beau et si dangereux. Quelques grimpeurs me dépassent et chaque fois je crois que c'est Passang. Mais j'attendrai une heure et je devrai à nouveau composer avec les alpinistes qui me précèdent. Finalement, l'équipe entière est sur l'arête et nous en profitons pour changer de bouteille d'oxygène. Je me remets en route car je commence à geler malgré mes nombreuses couches de vêtement.

Je suis obligé de suivre les grimpeurs qui m'ont doublé, car aucun dépassement n'est possible sur cette portion de l'arête. C'est frustrant car je ne peux aller à mon rythme et j'ai l'impression de me fatiguer et de perdre un temps précieux. À cette altitude, la vitesse est une question de survie. Même si cette vitesse est affreusement lente, elle est importante car des tempêtes peuvent surgir à tout moment. Nous devons avoir regagné le camp 4 avant la tombée de la nuit le lendemain. Un grimpeur me précédant ne semble pas savoir ce qu'il fait. Il a de la difficulté à franchir les fractionnements des cordes fixes et s'emmêle dans son équipement. Il marche même sur son piolet qui pend au bout de sa sangle; j'ai peur qu'il trébuche et me tombe dessus. Je serais alors entraîné dans une chute mortelle. Je savais que des grimpeurs peu expérimentés pouvaient, moyennant de grosses sommes d'argent, se retrouver sur l'Everest. Mais je ne croyais pas qu'ils allaient si haut. Lorsque le terrain permet à nouveau le dépassement, je reprends mon rythme et progresse à bonne allure, laissant loin derrière cet amateur qui n'est pas à sa place ici.

Le soleil se lève lorsque je suis dans la dernière section de l'arête sud-est, juste en dessous du sommet sud qui culmine à 8750 mètres. Je peux voir l'ombre de l'Everest sur les montagnes avoisinantes. Je suis trop fatigué pour sortir mon appareil photo et je me contente de pointer du doigt ce spectacle à Mario qui, tout comme moi, continue son chemin. La pente se redresse dans cette dernière section de l'arête et plusieurs endroits ne sont pas équipés de cordes fixes, ce qui nous oblige à redoubler de prudence. J'atteins finalement le sommet sud et une vue magnifique s'offre à moi. Je peux enfin contempler l'arête tranchante qui conduit au légendaire ressaut Hillary, une paroi verticale en roche de 40 pieds. Cet obstacle a forcé de nombreux grimpeurs à abandonner leur rêve. Je décide à nouveau d'attendre le reste de l'équipe qui doit me rejoindre sous peu. Après le sommet sud, il faut descendre rejoindre l'arête située 30 pieds en contrebas, à l'abri d'une immense pierre. C'est à cet endroit qu'est décédé le réputé guide néozélandais Rob Hall en 1996. Il avait réussi à survivre à une nuit de tempête, sans abri, dans cet endroit si précaire. Il est décédé la nuit suivante.

Mario, Passang et Wongchhu m'ont finalement rejoint et nous nous préparons à continuer l'ascension, puisque Claude et Thile ne sont pas en vue. L'arête que nous suivons est très effilée, à cheval entre le Tibet et le Népal. D'immenses corniches de neige témoignent de la violence du vent sur cette arête qui surplombe le Tibet. Il faut faire attention de ne pas passer au travers, nous progressons en contrebas de l'arête sur le versant népalais, ce qui est plus sûr. Le ressaut Hillary est en roche cette année, très différent de celui que j'ai vu sur photo. Un enchevêtrement de cordes fixes l'habille, il faut donc choisir la bonne corde, certaines y étant depuis plusieurs années. Il suffit de choisir celle dont les couleurs sont vives car le soleil ne les a pas encore altérées. Finalement, Mario et moi franchissons ce dernier obstacle et savons à présent que le sommet est pratiquement acquis.

Après le ressaut Hillary, l'inclinaison de la pente diminue et l'arête s'élargit pour rejoindre le sommet. Nous progressons le long de cette dernière pente et mon compagnon semble très fatigué. Il doit s'arrêter à chaque trois pas pour reprendre son souffle, malgré l'utilisation de l'oxygène. Je demeure à ses cotés et un peu en contrebas du sommet, je lui propose que nous terminions l'ascension ensemble. Les trois derniers pas pour atteindre le sommet du mont Everest se font bras dessus bras dessous.

Je vois un immense sourire dans le visage de Mario au moment où l'on se donne l'accolade. Il est 8 h 29 le 16 mai 2004. Nous avons atteint le sommet. Maintenant, il ne nous reste plus qu'à redescendre au camp de base en vie; alors nous pourrons dire que nous avons réussi. Les accidents surviennent souvent lors de la descente, en raison de la fatigue, de la difficulté du terrain et du relâchement de la vigilance. Nous devons être prudents et ne pas tomber dans le piège du triomphe à mi-chemin du succès. Beaucoup de gens oublient que le sommet c'est seulement la moitié de la route, ceux-là sont nombreux à l'avoir payé de leur vie.

Pour l'instant nous savourons cette « pré-victoire » et je prends la radio pour appeler immédiatement le camp de base. Lorsque j'ouvre la radio, j'entends parler népalais et anglais sur notre fréquence et, en me retournant, je constate que Wongchhu m'a devancé.

« Base camp, base camp, summit, summit, summit. Me, Mario, Maxime are on top of Everest Over. » Au camp de base c'est la joie, nous l'entendons de la radio. Lorsqu'il a terminé, Mario s'empare de l'appareil et annonce à l'équipe restée en bas que nous nous trouvons sur le toit du monde.

Mario : « USANA base camp, USANA base camp, USANA base camp, ici le toit du monde. Gabriel, Gabriel, Gabriel es-tu à l'écoute ? On dirait que c'est quelqu'un d'autre sur la fréquence. Gab, viens-t'en sur la fréquence 6, viens sur la fréquence numéro 6. Alors USANA base camp, USANA base camp, USANA base camp, vous avez un appel en direct du toit du monde (rire), hostie que c'est hot ! Je suis avec Maxime qui est en bien meilleur état que moi. On a fait un pacte tous les deux, on a mis le pied au sommet ensemble. C'était très émouvant. Moi je suis brûlé, ça se peut pas. J'pense que tu peux pas être plus fatigué que ça, plus fatigué, t'es mort. J'ai jamais été aussi fatigué de toute ma vie, ça aucun crime de bon sens. Là il y a Claude qui est en arrière, on le voit pas. J'espère qu'il va venir nous rejoindre. Pour l'instant, on va s'adonner à faire des petites photos, pis on va brailler un coup, pis ça va être correct ».

Gabriel veut me parler.

Mario : « Ça va me faire un plaisir féroce, je vais te le passer, il est justement à côté de moi. Tiens je lui donne un gros bec en passant ». Mario s'adresse à moi dans la radio. « On est ensemble sur le toit du monde mon gars ».

Maxime : « Salut Gabriel ! Moi c'est drôle je pète le feu ! Je vais très bien et je crois que j'ai trouvé les phases d'acclimatation beaucoup plus difficiles. Je vois un beau petit camp de base en bas, je vois le sommet du Pumori, et je vois le sommet de toutes les montagnes dans le coin parce qu'elles sont toutes plus basses. On voit à perte de vue, incroyable ».

Je demande à Gabriel de faire un appel à la maison où nos conjointes sont réunies et d'en faire un deuxième lorsque Claude arrivera, puisque nous ne savons pas à quelle distance il est.

Nous en profitons pour enregistrer des messages destinés à la télévision et à la radio et finalement on nous met en communication avec nos épouses par l'intermédiaire du téléphone satellite du camp de base. J'étais extrêmement heureux et je voulais partager ce bonheur avec elle. Heureusement, elle était à la maison. En fait nos épouses et nos amis, étaient à ma résidence à Lévis en banlieue de Québec, attendant anxieusement de nos nouvelles.

Gabriel est en conversation avec nos épouses : « Allo ! On a un sommet. Maxime et Mario sont tous les deux au sommet et Claude est un peu en arrière. Ils sont arrivés il y a environ 5 à 10 minutes au sommet du mont Everest. Les gars, au sommet ! J'ai ici deux femmes au téléphone qui aimeraient beaucoup entendre comment ça se passe en haut ».

« Premièrement je dirais, bon, c'est Maxime qui parle, c'est une superbe journée pas trop chaude pas trop froide, il y a un petit vent, on a une vue exceptionnelle, on voit partout. Il n'y a pas un sommet plus haut. Tous les sommets que l'on voit sont tous plus bas, alors c'est assez merveilleux. On se sent très bien. Pour ma part ça a bien été. J'ai encore de l'énergie pour descendre au plus vite. J'aimerais vous passer Mario qui va vous faire part de ses commentaires. Je vous le passe ».

Mario : « Bonjour à tout le monde en bas parce qu'il y a personne de plus haut que nous autres c'est certain. Je vous parle en direct du sommet du mont Everest. Absolument *super débile écœurant !* Y'a pas d'autres sensations comme ça. Je suis arrivé ici à moitié mort, quand je dis à moitié mort c'est peut-être aux trois quarts, je le sais pas. Mon cerveau est pas très bon pour faire de l'arithmétique cet après-midi, mais, plus faible, plus *magané* que ça, j'pense que t'es mort. Ça n'a pas d'allure, mais ça en vaut la peine. La valeur d'une chose est proportionnelle au prix qu'on est prêt à payer pour l'avoir. Pour ma part, je pense que c'est la main de Dieu qui m'a porté en haut directement sinon je n'aurais jamais été capable de faire cela. C'est une expérience unique en son genre ».

Gabriel me répète les paroles d'Hélène : « Maxime t'as une femme qui est fière de toi, elle est en pleurs et est très heureuse à Québec. Elle a hâte de te revoir ».

Maxime : « Dis-lui que je l'aime et que je l'embrasse fort ».

Nous demandons à Gabriel de demeurer *stand by*, car lorsque Claude arrivera nous le mettrons en communication avec sa femme.

Nous sommes sur le sommet des sommets, l'endroit d'où nous pouvons contempler le monde entier. Nous bénéficions d'une température clémente puisqu'il fait un agréable -30 °C et que les vents sont faibles. Je peux contempler l'arête nord qui descend vers le Tibet, voie empruntée lors des premières tentatives sur l'Everest dans les années 1921. Après les photos d'usage, nous devons immortaliser sur pellicule les drapeaux des commanditaires qui y sont nombreux. On ne chôme pas sur le toit du monde ! Notre victoire est pour l'instant atténuée car Claude tarde à nous rejoindre. Un doute s'installe. S'il n'arrivait pas, ce serait difficile pour tout le monde puisque la victoire ne serait pas complète. Pire encore, s'il était tombé, je n'ose pas penser aux conséquences et me rassure en me disant qu'il est avec Thile et que c'est sa troisième campagne sur l'Everest. Il est en sécurité avec lui, je me le répète pour me rassurer, mais j'ai hâte d'avoir des nouvelles. Gabriel n'a aucune idée où Claude et Thile se trouvent, car les deux radios sont au sommet. Nous en avions donné une à Wongchhu, Mario avait pris l'autre, tandis que moi j'avais emporté la batterie pour diviser la charge. Claude et Thile se sont chargés de la caméra, laquelle représente un poids considérable à cette altitude. Cela fait plus d'une heure que nous sommes au sommet et il faut songer à la descente. Pauvre Claude. Est-il en route ? Il sera déçu lorsque nous le croiserons dans la descente. Le temps s'étire. Finalement on voit quelques personnes dans la pente finale, dont une qui ressemble étrangement à Claude. Victoire ! C'est lui ! L'équipe est complète et la réussite totale. Nous avons réussi l'Everest !

Comme le veut la tradition, nous laissons quelque chose au sommet et je m'empresse d'y déposer le *kata*, foulard de soie blanche que m'a donné le lama lors de notre bénédiction au monastère. Mario dépose une bible sur microfiche, et comme il le dit lui-même : « La plus petite bible au monde sur la plus grande montagne du monde. »

La descente

Il se fait tard et l'angoisse commence à m'envahir. Pour Mario et moi cela fait une heure trente que nous sommes sur le sommet de l'Everest, ce qui est énorme en comparaison des cinq à dix minutes habituelles. Je vérifie mon niveau d'oxygène et je décide qu'il est grand temps de redescendre. Nous devons cependant faire une dernière photo tous les trois avec la bannière du commanditaire principal. Je remarque que quelques grimpeurs sont arrivés au sommet. Probablement ceux que nous avons doublés durant la montée. Comme ils sont plus lents, je ne tiens pas à être pris durant la descente dans un bouchon de circulation au ressaut Hillary. Une seule personne à la fois peut traverser cet obstacle. J'ai en tête la tragédie de 1996 où des gens sont restés bloqués longtemps, trop longtemps au ressaut Hillary. Alors je pars, un point c'est tout. Mario décide de descendre également alors que Claude reste, puisqu'il est arrivé plus tard. Thile l'accompagnera durant la descente.

C'est le temps de partir. En contrebas du sommet je ramasse une poignée de cailloux que j'enfouis dans ma poche sans trop savoir ce que j'en ferai. La route est libre. Nous faisions partie des premiers arrivés au sommet et sommes repartis en tête pour la descente. Nous rejoignons assez rapidement le ressaut Hillary que nous descendons sans attendre, et franchissons avec mille précautions la fragile arête menant au sommet sud. Nous y faisons une petite pause, ce qui permet à Claude et Thile de nous rattraper. Nous sommes partis avec le minimum d'équipement et d'eau, soit deux litres chacun, ce qui est peu pour les seize heures d'escalade du camp 4 au sommet avec retour au camp 4. Claude semble déshydraté et je lui donne un demi-litre de ma maigre réserve, puisque je me sens en forme et que je crois pouvoir rejoindre rapidement le camp 4. Le reste de la descente s'effectue machinalement. Nous distançons à nouveau Claude. Nous manquons cruellement d'eau, ce qui rend la progression pénible. Nous atteignons finalement le camp 4 vers 14 h et entreprenons immédiatement de nous hydrater. La routine de l'arrivée à un camp est bien maîtrisée. On enlève le sac à dos et l'on se réfugie dans la tente. On met en route le réchaud qui ronronnera durant plusieurs heures. Nous n'avons pas faim malgré le fait que nous n'avons rien avalé depuis 2 jours. Nous avons réussi à manger des gels énergétiques ce qui est peu en fonction de l'effort que nous venons de fournir.

La journée avance et Claude n'est toujours pas arrivé. Je me console en pensant qu'il est avec Thile, un des meilleurs Sherpas sur l'Everest. L'attente sera longue, car nous sommes sur le sommet des sommets et que tout peut arriver. Claude n'est pas en balade au Québec, il est sur l'arête sud-est du mont Everest au-dessus de 8000 mètres. Je suis soulagé lorsque je le vois arriver vers la fin de l'après-midi, complètement déshydraté et exténué. Il est enfin ici avec nous et c'est ce qui compte.

Nous nous préparons à passer la nuit la plus « élevée » de notre existence. Le col sud n'est pas un terrain de camping avec toutes les commodités. Pour ne rien arranger, Claude s'est mis à tousser, une toux violente qui ne semble pas vouloir s'arrêter. Je m'inquiète, nous sommes si loin des secours. Est-ce une aggravation de la toux qui l'incommodait au camp de base avant le départ ou avons-nous affaire à un cas d'œdème pulmonaire ? Ce serait vraiment critique à cette altitude, puisque le seul remède efficace est de descendre.

La nuit approche et il est hors de question de s'aventurer dans les 1000 mètres de pente glacée de la face du Lhotse, ce serait un suicide. Nous contactons le camp de base et après une conversation avec le médecin de l'expédition de Discovery, et Pascal Dalleau, demeuré au Québec, nous convenons de lui donner un médicament qui semble finalement le calmer. Je dois dormir sans oxygène, car les réserves sont faibles et Claude en a besoin pour éviter une détérioration de son état. Je dois être complètement épuisé car se sera ma meilleure nuit au Népal. Dix heures en ligne, sans me réveiller. Au petit matin, nous entreprenons de faire fondre de la neige et mangeons des barres de céréales puisque nous voulons déguerpir au plus vite de cet endroit inhospitalier. Claude semble aller mieux, au moins il ne tousse plus.

Les bouteilles d'oxygène que nous utilisons pour la phase finale d'ascension ont un débit qui s'ajuste de 0,5 à 4 litres par minute. Notre stratégie visait un ajustement de 2 à 3 litres par minute durant l'ascension. Comme je l'ai mentionné précédemment, les Sherpas ont une bonne idée de la capacité des grimpeurs dès leur arrivée au camp de base. J'avais demandé à Passang d'ajuster mon débit sur 2,5, et même 3 litres, durant certains passages techniques. La valve d'ajustement se trouve sur la bouteille qui est dans le sac à dos, de cette façon il devient plus simple de faire changer l'ajustement par quelqu'un que d'enlever le sac. De retour au col sud, je me suis rendu compte que mon débit était ajusté à seulement 1,5 litre. Malgré mes demandes, Passang avait laissé le débit à 1,5 litre puisqu'il avait jugé que pour moi c'était suffisant. De retour au camp de base Kili me dira, en riant, que Passang lui a avoué avoir agi ainsi puisqu'il avait de la difficulté à suivre et qu'il avait peur que je me rende jusqu'au Tibet s'il m'avait donné plus d'oxygène !

Si j'ai réussi l'Everest avec si peu d'oxygène et en pleine forme, serais-je capable de le faire sans ce gaz ? Cette question demeurera probablement sans réponse, puisque je trouve le jeu du « sans oxygène », sur l'Everest, vraiment dangereux. En cas de problème, ça élimine toute marge de manœuvre. Je grimpe les montagnes pour vivre pleinement ma vie et non pour la perdre. Il ne faut pas oublier que l'Everest est une classe à part, presque un 9000 mètres. Certains individus ayant une capacité extraordinaire d'acclimatation, comme Marc Batard, possèdent toujours cette marge de manœuvre malgré la non utilisation de l'oxygène. Ils sont l'exception et sont peu nombreux. Et cela n'a rien à voir avec la forme physique puisqu'il s'agit d'acclimatation et que celle-ci est physiologique.

Bouger après avoir fait le sommet de l'Everest s'avère difficile. La seule chose qui nous motive à l'action c'est de savoir que dans peu de temps, nous serons au camp de base et que tout sera terminé. Deux mois et demi d'expédition prendront fin ainsi que deux années de travail acharné. On se met finalement en route et je ferme la marche. Nous montrons tous des signes d'épuisement. Je n'ose pas imaginer ce qui se passerait si l'un de nous venait à glisser dans la pente qui se termine 1000 mètres plus bas sur le glacier, au pied de la face du Lhotse. La section où nous sommes n'est pas équipée de corde fixe.

Nous atteignons le dessus de l'éperon des Genevois et nous nous accrochons aux cordes pour descendre. La descente se poursuit avec la traversée d'un couloir neigeux conduisant à la fameuse bande jaune. Nous sommes obligés de descendre avec des crampons dans des rochers parfois très inclinés. Nous souffrons tous de déshydratation. Le soleil tape fort et nous portons toujours les combinaisons d'altitude que nous avons enfilées au départ du camp 2, lors de l'assaut final. Nous suivons la pente qui mène au camp 3 et après une pause nous permettant de récupérer l'équipement, laissé deux jours plus tôt, nous entreprenons la descente de la face du Lhotse. Nous atteignons finalement le bas de la pente où nous attendent des breuvages chauds. Merci à Kahla, notre fidèle cuisinier du camp 2.

Le reste de la descente se poursuit sur un terrain légèrement en pente nous conduisant au camp 2. Même si la pente n'est pas très escarpée, cela n'enlève rien au danger, car nous sommes toujours sur un glacier et que plusieurs crevasses sont dissimulées. J'atteins le camp 2 et me fais une petite collation avec les aliments que j'y avais laissés : fromage, barres de céréales, lait condensé, sucré. Danou, le Sherpa de l'expédition de Discovery Chanel, est arrivé au camp et me propose de descendre avec lui au camp de base après une pause collation. Il était avec nous en 2003, lors de la l'expédition préparatoire sur l'Everest. Depuis ce temps, il veille continuellement sur nous, même si nous ne faisons pas partie de la même expédition. Durant la descente il nous a suivis, sans nous dépasser, tel un ange gardien. Il fera de même lors de la descente au camp de base, refusant obstinément de passer devant. Je me sens en sécurité avec lui. Il est si plein d'attentions.

Wongchhu arrive au camp 2 et je l'informe que j'ai l'intention de continuer jusqu'au camp de base avec Danou. Il acquiesce à la condition que je ne sois pas seul dans le dangereux glacier de la dernière section. Je contacte Thile par radio et m'informe de l'état de mes compagnons et de leurs intentions. Il me répond que ces derniers sont lents mais qu'ils progressent bien et qu'ils prévoient coucher au camp 2. Je lui demande de leur dire que je pars pour le camp de base. Deux mois et demi d'expédition m'ont épuisé et je ne veux pas passer une nuit de plus sur la montagne, à moins d'extrême nécessité. Nos trois Sherpas et le cuisinier demeurent au camp 2 alors je sais que Mario et Claude sont entre bonnes mains. Si j'avais douté un instant de ce qui allait suivre dans les prochaines heures, je ne serais pas parti, je serais resté auprès de l'équipe.

En quittant le camp 2, je ne reconnais pas le glacier que le beau temps a fait fondre, créant des rivières en divers endroits. La mousson est définitivement proche, il est temps de quitter la montagne. La descente s'effectue dans des conditions difficiles puisque le parcours se modifie constamment. Les échelles sont chancelantes, les ancrages sortent facilement de leur logement et les séracs sont très instables. Nous en venons tout de même à bout et j'atteins le camp de base vers 16 h, où Tshering, le fidèle « gérant » du camp de base, m'attend avec des breuvages chauds.

J'ai réussi. J'ai escaladé l'Everest et j'en suis revenu vivant ! Je fais maintenant partie du cercle restreint des *Everest summiter*. Je suis exténué, mais tellement heureux. Cela faisait si longtemps que je rêvais de ce moment. Mais ma joie est vite atténuée. Les nouvelles concernant mes compagnons d'escalade ne sont plus aussi bonnes qu'à mon départ du camp 2.

La crise

Gabriel, le responsable du camp de base, m'informe que Claude a atteint le camp 2 mais qu'il ne va pas bien du tout. Sa toux a empiré et il est exténué. Je ne comprends pas comment la situation de Claude ait pu dégénérer de la sorte, puisqu'il allait bien il y a quelques heures. Gabriel m'informe également qu'il va redescendre au camp de base aussitôt que possible. Connaissant l'état de la cascade de glace combiné à la nuit qui tombe, je crois sérieusement que c'est de la folie de tenter de redescendre. Gabriel et l'équipe au camp 2 ne connaissent pas l'état du glacier. Dans le doute sur l'état de Claude, redescendre peut sembler être la solution, mais franchir de nuit un terrain que j'ai trouvé difficile de jour, et en bonne forme, me fait croire que c'est la dernière option à choisir. On m'informe que Claude n'est pas en état de marcher. Je ne comprends plus rien. Au Québec, c'est la panique. Il y a eu une grande confusion en raison du nombre de gens impliqués dans la transmission de l'information.

Je prends immédiatement la radio et appelle le camp 2 pour connaître l'état exact de Claude. On m'informe qu'il a eu une bonne quinte de toux, mais que la situation est stable et qu'il est en mesure de descendre sur ses pieds. Il y a une énorme différence entre quelqu'un qui peut marcher et un invalide qui veut descendre de nuit la cascade de glace. Je téléphone sans attendre à Québec pour rassurer tout le monde, car on s'inquiète pour lui. Sylvain, notre responsable au Québec, a pris les choses en main : il a réuni nos épouses chez Claude et ils suivent la situation de minute en minute. Après plusieurs discussions entre le camp 2 et le personnel du camp de base, la décision prise est qu'ils vont redescendre tranquillement. Claude n'est pas seul, puisque nos trois Sherpas, le cuisinier et Mario sont avec lui. Je leur dis d'être très prudents et me prépare à une longue attente. Comme si la situation n'était pas assez compliquée, Gabriel décide d'aller à leur rencontre dans la cascade de glace. Il n'a pas l'expérience nécessaire pour s'aventurer dans ce labyrinthe et, de plus, il n'est pas acclimaté au-dessus du camp de base. Je l'informe que nous ne souhaitons pas avoir à secourir une autre personne et que son rôle est de s'occuper de la radio. Mais son idée est faite et il part dans la nuit. Heureusement, il ne réussira pas à trouver le chemin et n'ira pas très loin.

Les Sherpas connaissent très bien les dangers associés à la descente de la cascade de glace lorsque la nuit tombe. Le froid qui s'installe fait geler la glace qui avait fondu durant la journée et le mouvement de celle-ci provoque des avalanches extrêmement dangereuses. De plus, la saison est avancée et les échelles ne sont plus très bien ancrées, ce qui rend la traversée des crevasses encore plus dangereuse. Ajoutez à cela la fatigue accumulée et vous avez une situation qui, à la moindre erreur, peut dégénérer.

La traversée de la cascade de glace n'a pas été de tout repos, les Sherpas priaient avant de traverser les échelles, des avalanches grondaient tout autour sans pouvoir être aperçues. Est-ce les prières qui les ont protégés ou leur expérience de la montagne ? Assurément un mélange des deux. Vers 11 h, l'équipe arrive enfin au camp de base saine et sauve, la crise est terminée. Nous avons tous réussi. Le sommet du mont Everest a été touché par tous et nous en sommes revenus vivants.

Retour à la civilisation

Les derniers jours au camp de base sont occupés par le repos, l'empaquetage et les réjouissances. Plusieurs expéditions ont terminé avec succès leur ascension et les fêtes vont bon train dans le petit village de tentes. Durant une partie de la nuit, les cuisines sont animées de musique, de chants et de danses. Préoccupés par notre retour et trop fatigués pour fêter, nous participons peu aux festivités. Gabriel a quitté le camp de base parce qu'il en avait assez. Je le comprends, passer toute l'expédition au camp de base, il y aurait belle lurette que je serais parti. Malheureusement pour lui, le jour suivant son départ, nous avons une occasion de revenir en hélicoptère le lendemain ! Nous en avons assez, et tout ce que nous voulons c'est d'arriver le plus rapidement à Katmandou, pour aller s'attabler à notre restaurant préféré avec une bière. La tente cuisine avec un thé bouillant ne nous intéresse plus.

Nous partons dans un authentique hélicoptère Mi-17 russe, vestige de la guerre d'Afghanistan. Ce qui n'a rien de rassurant, c'est qu'un engin semblable s'est écrasé en 2003 au camp de base, il y est toujours d'ailleurs. Notre hélicoptère atterrira juste à coté. Lorsqu'un appareil vient au camp de base, il est généralement au-dessus de son plafond de vol. Pour y arriver, ils allègent au maximum l'engin et remplissent à peine les réservoirs de carburant, ce qui nous oblige à nous ravitailler sur les hauteurs de Namche Bazar. Comble de malchance, nous restons coincés à Namche en raison de masses nuageuses très compactes. Fini la bière et le restaurant !

Lors de cet arrêt imprévu, nous ferons deux rencontres importantes qui nous feront oublier le houblon. La première, c'est une étrange expédition équipée d'une machine ressemblant à un avion ultraléger. Je remarque également la présence d'un aigle de l'Himalaya attaché à un pieu. En discutant avec les membres, on nous explique que l'ultraléger est nécessaire pour tirer un deltaplane modifié dont l'objectif est de survoler l'Everest. Quoi, survoler l'Everest à 8850 mètres avec un deltaplane ? Je les crois un peu fous, mais ils pensent peut-être la même chose de nous. Ils ont manqué leur tentative, et, comme la saison avance, ils ne croient pas être en mesure de réussir cette année. En octobre 2005, j'aurai la surprise de voir un film au Festival international du film d'aventure de Montréal, *Flying over Everest*, montrant leur succès. Quel bonheur quand on pense aux sommes et au temps investis. L'homme s'appellait Angelo D'Arrigo, il a survolé les endroits les plus hostiles de la planète. Malheureusement, il est décédé le 26 mars 2006 en Sicile alors qu'il faisait ce qu'il aimait le plus : voler.

La deuxième rencontre a eu lieu lorsque nous étions attablés dans le lodge. C'est nul autre que Ed Viesturs, l'alpiniste américain qui a complété en 2005 l'ascension des 14 sommets de plus de 8000 mètres – dont l'Everest à plusieurs reprises –, le tout sans oxygène. Il est accompagné de David Breashears, grimpeur émérite et réalisateur du film *Everest* présenté au cinéma Imax. Ed est fort sympathique et engage la conversation avec Mario alors que David est plus distant. L'Himalaya, c'est magique. Ed dira à Mario que notre réussite résulte de notre préparation méthodique et qu'il n'a pas souvent vu des expéditions aussi bien préparées sur l'Everest. Je suis étonné, car l'Everest est la plus haute montagne du monde et qu'y venir sans une préparation adéquate, c'est courir à l'échec et risquer sa vie. La soirée se termine. Demain, nous partons pour Katmandou, avec en prime la bière et la chaleur.

Le choc du retour

Durant les vols de retour, je me suis questionné sur les implications, de cette victoire à l'Everest, sur ma vie. Je ne crois pas avoir pensé un instant qu'elle en serait changée à tout jamais. À plusieurs occasions au cours de mon existence, j'ai cru que je consacrerais ma vie à la montagne. Maintenant c'est fait, je viens d'embarquer dans un engrenage qui gouvernera ma vie pour longtemps.

Je suis en pleine méditation, lorsque le commandant de bord annonce que le vol d'Air Canada est fier d'avoir à son bord la première équipe entièrement québécoise à avoir gravi le mont Everest. Les applaudissements fusent de partout et je me mets de la partie, gêné de toute cette attention soudaine venant de gens que je ne connais pas. Mon voisin ne sait pas qu'il m'applaudit et, pour le moment, je ne veux pas qu'il le sache, alors j'applaudis de plus belle ! J'apprendrai par la suite que Gabriel était l'instigateur de cet honneur, une belle attention de sa part.

Nous arrivons à Montréal et j'ai des papillons dans le ventre. Je vais revoir Hélène. Je sais que mes enfants sont à la maison à Québec, sous bonne garde, car Hélène et moi voulons profiter des premiers instants pour nous retrouver et nous apprivoiser. J'ai vécu une expérience hors du commun, alors qu'Hélène a vécu comme une mère monoparentale.

Je vois les choses d'une façon différente La vie me semble simple en comparaison de ce que j'ai vécu sur la montagne. Ici, je ne risque pas ma vie, tout est beaucoup plus simple. Se laver ne demande pas autant d'efforts et n'implique pas la contribution de nombreuses personnes, comme au camp de base. Hélène a appris à fonctionner seule et je deviens un « intrus » dans sa gestion de la maison et de la famille. J'aurai à reprendre mon rôle de façon progressive, sans rien brusquer.

Je passe la douane. Nous sommes immédiatement accueillis par la directrice de l'aéroport qui nous mentionne qu'une conférence de presse aura lieu dans un coin de l'aérogare, où elle doit nous conduire. Les agents de sécurité nous font franchir les portes et nous serrent la main en nous félicitant. Pour une arrivée tranquille c'est fichu ! C'est juste si on me laisse serrer Hélène dans mes bras; déjà on nous emmène vers la conférence de presse organisée par nos deux commanditaires principaux : USANA et la boutique La Vie Sportive.

Il y a plein de monde et tous les médias y sont, plusieurs venus expressément de Québec pour la circonstance. Dire qu'au début du projet, nous devions faire des pieds et des mains pour déplacer les médias sur leur propre territoire. Nous donnons notre conférence et, finalement, j'ai un petit moment tranquille avec Hélène. Un photographe du *Journal de Montréal* capte la scène. La photo se retrouvera dans le journal du lendemain. Je crois en avoir terminé avec la presse, mais ma femme m'annonce que nous restons à Montréal en raison d'entrevues prévues pour le lendemain à TVA à *Salut Bonjour*, LCN, et *Caféine* sur les ondes de TQS et bien d'autres.

La seule chose que nous avons négligé dans notre planification, c'est l'après Everest. Durant l'expédition, nous avons à nous concentrer sur peu de choses : grimper, manger et nous reposer. Faire la lessive demande un avant-midi, en excluant le séchage; se raser la barbe en demande un autre; et se laver encore un autre. Trois jours pour faire quelque chose qui demande une demi-heure à la maison ! Ici, tout va trop vite, beaucoup trop vite pour quelqu'un qui revient d'un séjour de deux mois et demi dans l'Himalaya. Je n'arrive plus à me concentrer, je me fatigue rapidement. J'ai perdu 22 livres, donc beaucoup de masse musculaire. Je vois des gens se disputer dans les rues aux arrêts des intersections et je ne comprends pas. Ce n'est pas la première fois que je vis ce phénomène lors de mes retours d'expéditions. Mais cette fois-ci, c'est plus intense. Le temps arrangera bien les choses. Hélène me dira, plus tard, que deux mois ont été nécessaires pour revenir « à la normale ». La descente de l'Everest aura finalement pris deux mois !

Ma vision de la vie a changé, mes priorités ne sont plus les mêmes. J'accorde une priorité à ma famille et à leur bien-être. Prendre un de mes enfants dans mes bras et le garder avec moi pour profiter d'une journée en tête-à-tête fait maintenant partie de ma vie. Gravir une si grande montagne c'est avoir le privilège de décrocher du quotidien, de s'accorder un temps d'arrêt dans une vie si bien remplie. On a parfois l'impression qu'on ne peut même pas se donner le luxe de réfléchir sur le sens de notre existence. On court sans arrêt sans trop savoir après quoi l'on court. Réaliser un rêve ou réussir quelque chose de difficile permet de prendre confiance en ses capacités.

Je ressors grandi de l'épreuve de l'Everest, laquelle m'a permis de vivre des expériences que je n'aurais pas pu trouver dans mon quotidien. Voyager quelques mois dans l'Himalaya m'a donné le sentiment d'avoir acquis 20 ans d'expérience.

Le danger n'est pas toujours sur l'Everest

Le 27 juillet 2004 a débuté normalement. C'est une belle journée d'été avec des nuages et beaucoup d'humidité, comme on en voit souvent en juillet au Québec. Ma conjointe Hélène est partie faire des courses avec Gabrielle, notre fille de deux ans, alors que je suis resté à la maison avec notre fils de trois ans.

Dans l'après-midi, je remarque de gros cumulonimbus en formation dans le nord-est et je ne m'inquiète guère, puisqu'il n'est pas rare d'observer ce genre de nuage en juillet. Je me sens privilégié de pouvoir passer une belle journée en compagnie de mon petit Julien. J'ai été privé de la présence des miens durant presque trois mois, maintenant je savoure chaque moment où je peux être à leur côté. Il y a tout un contraste entre le décor de ma cour en plein mois de juillet et la chaîne de l'Himalaya où j'ai séjourné du 25 mars au 1er juin 2004. J'ai encore de la difficulté à réaliser que le 16 mai dernier, à 8 h 29 du matin, je marchais sur le toit du monde, le sommet du mont Everest. Je profite maintenant du havre de paix que m'offre ma cour et repense à tous les dangers que j'ai affrontés sur l'Everest.

Je suis au téléphone avec Hélène lorsqu'une bourrasque de vent plus forte que les autres secoue mon patio. Je raccroche le combiné pour sortir ramasser un pot de fleurs, en équilibre précaire, et m'assure que Julien est à l'abri à l'intérieur de la maison. Un violent coup de vent se déclenche subitement, assez fort pour casser net un arbre dans la cour de mon voisin. Le vent poursuit sa poussée et casse un deuxième arbre dans la cour. Je constate qu'un troisième arbre a subi des dommages. Il semble avoir plié sous la force du vent et repose maintenant contre un immense pin.

Je m'approche dans l'herbe humide, pieds nus. L'arbre semble avoir été déraciné, mais il ne montre pas de cassure. Alors, pour vérifier son état, je pousse dessus pour voir s'il bouge. Je ressens alors un violent picotement et suis immédiatement projeté vers l'arrière sans comprendre vraiment ce qui m'arrive. Je m'éloigne, non sans avoir crié à mon voisin de ne pas approcher, car je viens de subir un choc électrique. En m'éloignant, je constate que la tête de l'arbre en question repose sur le fil électrique le plus haut. Au moment où je me souviens que le fil du haut est celui qui possède le plus haut voltage, j'ai un petit frisson…

Constatant que l'arbre prend en feu, j'appelle les pompiers qui s'empressent, à leur arrivée, de créer un périmètre de sécurité, puisque le fil peut se rompre à tout moment. Je les informe que j'ai subi un choc et ils appellent immédiatement l'ambulance, car le fil du haut possède une tension de 14 000 volts.

Avec du recul, je constate que j'ai vraiment été chanceux. Je devrais être mort après un choc de 14 000 volts. S'en tirer avec deux brûlures grosses comme des têtes d'épingle tient du miracle. Je crois beaucoup au destin et le mien n'était pas de mourir électrocuté dans ma cour.

Au sujet du destin, souvenez-vous du dessin que j'ai fait à l'âge de cinq ans, qui illustrait un grimpeur sur une montagne…

Expédition Cho-Oyu 2005

À mon retour de l'Everest, je ne voulais pas rester en plan et me retrouver sans projet d'ascension. C'est pour cette raison que, dès la descente de l'Everest, j'ai commencé à planifier la prochaine expédition. Rendu au camp de base, j'essayais déjà de vendre le projet à mes deux comparses ! Le premier projet visait le quatrième sommet du monde et voisin de l'Everest, le Lhotse, qui culmine à 8501 mètres. Deux raisons expliquent ce choix : j'ai vu ce sommet « de mes yeux » et il est magnifique. De plus, pour le gravir, on utilise la même route que l'Everest, soit le camp de base et les camps 1, 2 et 3. La reconnaissance de cette montagne étant déjà faite, nous pouvons dès l'année suivante nous lancer à l'assaut de son sommet.
Mario et Claude, qui n'ont pas été très longs à convaincre, se sont joints au projet. En cours d'année, les réalités de la vie et les deux années d'expédition ont cependant rattrapé mes deux comparses qui ont déclaré forfait. Mais cela n'empêchera pas Mario de gravir le mont McKinley en Alaska plus tard au cours de l'année 2005. De mon côté, je ne voulais pas me retrouver seul à gravir le Lhotse qui est assez technique dans les dernières sections. Et comme la montagne n'est pas très fréquentée, je risquais d'y être seul.

J'ai finalement arrêté mon choix sur le sixième sommet du monde, le Cho-Oyu, situé à 30 kilomètres au nord-ouest de l'Everest sur la frontière Népal-Tibet. Le Cho-Oyu culmine à 8201 mètres d'altitude; mon choix a été motivé par la grande fréquentation de la montagne qui, sans être un gage de sécurité, est du moins un point rassurant. La montagne n'est pas très technique et je me sens d'attaque, malgré l'absence de mes deux mousquetaires. J'ai choisi la voie normale de la montagne, laquelle a été gravie pour la première fois le 19 octobre 1954. Tichy, Mochler et Passang Lama en sont les premiers *summiters*. La voie est située du côté tibétain et j'en profiterai pour faire la reconnaissance de l'accès du coté nord de l'Everest, en vue de projets futurs.

Parfois, j'aimerais être capable de mettre mon cerveau à *off* ! Suis-je cinglé ? Je le croyais, ou du moins je me demandais si j'étais normal ou non. J'ai découvert, à la lecture du livre de Marc Batard, *Le sprinter de l'Everest*, que je suis normal ! Il confie lui aussi faire des projets avant même la fin d'une expédition en cours. Ouf ! je suis rassuré !

Jeune, j'ai fait régulièrement des projets seul, lorsque personne ne voulait ou ne pouvait m'accompagner. Je me rappelle des journées en solitaire à skis le vendredi quand je n'avais pas de cours au cégep et que personne ne pouvait m'accompagner. Je ne suis pas solitaire de nature, mais il faut parfois continuer même si personne n'est libre. Le sixième sommet du monde, sans copain, c'est par contre tout un défi. Défi moral puisque la première difficulté en haute montagne est d'ordre psychique et que, sans les amis pour se motiver, c'est vraiment difficile.
Je pourrai cependant compter sur deux fidèles compagnons, Thile Nuru Sherpa et Rinji Sherpa, qui étaient du voyage sur l'Everest en 2004. Ils rempliront les mêmes rôles : Thile m'accompagnera jusqu'au sommet tandis que Rinji s'occupera du camp de base et de la cuisine. Ils parlent népalais, moi français, alors que nous communiquons en anglais, ce qui cause certains problèmes. Mais tant pis, j'y vais, je veux y aller. De plus, je sens que si je prends une pause d'une année ou deux, elle durera toujours. Il reste à résoudre un problème de taille : le financement. Le Cho-Oyu n'est pas aussi dispendieux que l'Everest, mais il coûte plus cher que les 6000 mètres d'Amérique du Sud.

J'ai eu l'idée d'aller rencontrer monsieur Champagne, directeur général du Centre financier aux entreprises Desjardins du Nord-Ouest Québec-Métro. J'avais travaillé à titre de directeur de comptes entreprises pour ce centre, et je sentais qu'il serait réceptif à ma demande de partenariat pour ma prochaine expédition. J'ai vu juste. Le Centre financier est devenu mon partenaire pour le Cho-Oyu. Un client du Centre, monsieur Benatchez, de K2 Impressions, m'a également donné un coup de main financier. Sans le savoir, je venais de trouver deux partenaires, non seulement pour cette année, mais également pour l'année suivante au K2. Mais ça, c'est une autre histoire.

J'ai quitté Québec le 7 avril pour trois jours d'avion qui devait me conduire à Londres, Abou Dhabi et Katmandou. J'ai eu le privilège de faire le trajet avec trois québécois rencontrés lors d'une présentation donnée par Mario,

Claude et moi à la salle Albert-Rousseau à Québec. Jean Richard, Gilles Gagné et Marius Landry avaient comme destination le camp de base de l'Everest. Leur présence m'a permis de me préparer progressivement à mon voyage en solitaire. Ils sont devenus des amis.

Le Népal a toujours eu des problèmes politiques, en raison de la corruption qui y existe et du faible partage des richesses. On appelle « maoïstes » les rebelles qui veulent changer ce régime. Quelque temps avant mon départ pour le Népal, le roi a limogé le gouvernement et a suspendu les droits fondamentaux des citoyens, créant d'énormes problèmes.

Les lignes téléphoniques sont coupées, l'aéroport est fermé, que d'ennuis ! Je m'inquiète pour mon départ mais je réussis finalement à joindre Kili qui me rassure immédiatement. Les ennuis au Népal ne datent pas d'hier, Yves Laforest en faisait même mention dans son livre, *L'Everest m'a conquis*, lors de sa reconnaissance à l'Everest en 1990, année précédant son ascension victorieuse de la montagne. Les maoïstes ne visent jamais les touristes, le danger c'est de se retrouver au mauvais endroit au mauvais moment. Je dois d'ailleurs franchir la route menant à la frontière chinoise (Tibet) où un autobus a explosé sur une mine la semaine dernière. On ne risque rien en haute montagne, le danger c'est l'aller et le retour.

Kili est vraiment le meilleur et il règle le tout en affrétant un hélicoptère qui nous conduira jusqu'à la frontière chinoise. Je m'inquiète un peu de cette mesure, mais il me rassure en me disant que c'est son problème de veiller sur la sécurité des Sherpas et de son ami Maxime. Quel chic type et quelle expérience ! Je suis dans un hélicoptère, sur le siège avant-gauche, au-dessus des vallées du Népal, où les montagnes s'étendent à perte de vue. Le pare-brise est tellement égratigné que je n'arrive pas à voir vers l'avant de l'appareil ! Je regarde du côté du pilote, même chose. Comment fait celui-ci pour voir où nous allons ? Je ne suis pas rassuré du tout. J'ai vu la carcasse de l'hélicoptère écrasé au camp de base de l'Everest et je ne veux pas finir dans un tas de ferraille !

12 avril 2005. Nous avons atterri dans le village de Tato Paani proche de la frontière chinoise. Tato Paani en népalais veut dire « eau chaude ». Je suppose que c'est en raison du barrage hydroélectrique de la rivière, au bord de laquelle nous venons d'atterrir. Nous prenons deux jeeps qui nous conduiront jusqu'à la frontière toute proche. Je partage le voyage avec un

Américain qui s'en va au Cho-Oyu. Lui et son Sherpa voyageront avec nous et nous partagerons les frais du cuisinier et de la cuisine.

La frontière – un pont qui enjambe la rivière mais qui doit obligatoirement être traversé à pied ! –, est située au fond d'une vallée surplombée d'immenses parois. Tout le matériel est débarqué des jeeps pour être distribué aux porteurs qui ne feront que traverser le pont et recharger le tout dans un camion qui nous attend de l'autre coté ! L'armée chinoise est présente et j'ai l'impression d'être dans un film. Un premier contrôle est effectué avec nos passeports et notre permis d'expédition. On pulvérise une solution désinfectante sur les porteurs et sur notre matériel. On me pointe un thermomètre à infrarouge dans le front, pour vérifier si je fais de la fièvre. Nous venons de faire un voyage dans une autre dimension et je n'ai même pas vu la machine qui nous y a amenés !
Thile me dis que ce n'est que le premier contrôle, puisque le poste frontière est en haut de l'immense versant de la vallée. J'ai vraiment hâte d'y être. Je suis légèrement stressé, parce que j'ai dans les sacs de l'expédition, du matériel vidéo, satellite et radio non déclaré, afin d'éviter le coût exorbitant des permis. Finalement le contrôle au poste frontière est moins compliqué que ce que nous venons de vivre et nous entrons en Chine ou, devrais-je dire plutôt, au Tibet.

Quel contraste avec le Népal. Le village frontière, Zhangmu, est horrible; et l'hôtel où nous logeons est un chef d'œuvre de monstruosité. Quelle différence avec les jolis *lodges* du Népal. On peut encore apercevoir des maisons typiquement tibétaines mais elles se font rares. Ce pays devait être jadis très beau. L'armée chinoise est partout et les soldats semblent si jeunes. Ce n'est vraiment pas joli, mais, de toute façon, je suis ici pour grimper une montagne, pas pour admirer les villages.

Contrairement à l'approche de l'Everest qui se fait à pied, ici, ça se fait en 4 x 4. Le village est bâti autour de la seule route qui traverse cette partie du pays, qui est loin d'être plat. Tous les camions qui transportent des produits destinés au Népal sont garés le long de la route, car les stationnements sont inexistants. À la tombée de la nuit, nous marchons dans la rue, en pente et en lacet. Thile m'explique que la musique et les lumières que j'aperçois dans certains immeubles sont des *Chinese Disco*. Je lui demande alors naïvement pourquoi, à certains endroits, il y a des vitrines éclairées en rouge avec des filles. « *Chinese Pic Pic* », me répond-il. Des prostitués ici ? Je m'ennuie vraiment du Népal ! En revenant vers l'hôtel, je remarque que les gens lancent les ordures dans la rue. Je vais me coucher, j'en ai assez vu.

13 avril 2005. Nous quittons enfin ce village et atteignons, après deux heures de route, celui de Nyalam à 4000 mètres d'altitude. Cette approche en voiture ne me plaît pas parce que je n'ai aucun contrôle sur le gain d'altitude et que nous montons rapidement. L'approche de l'Everest était progressive et nous avions le loisir de ralentir puisque nous étions à pied. Le village n'est pas très beau, mais comparativement à celui d'hier je me console. Nos logeons dans un *lodge* qui n'est pas trop mal. Nous avons passé la journée avec les Sherpas dans des maisons de thé tibétaines à boire du thé sucré. Depuis notre arrivée, nous mangeons de la nourriture chinoise qui est passable. Rien à voir avec les restaurants chinois du Québec...

14 avril 2005. Jour de repos. Nous en profitons pour faire une randonnée sur une montagne voisine. Les paysages sont sublimes, dommage que le village soit si laid. J'ai emmené deux livres et, compte tenu du peu d'activités touristiques dans les villages, j'achève de lire le premier. Il y a un petit café Internet dans le *lodge* et j'en profite pour écrire à Hélène et prendre mes courriels. C'est tellement ressourçant d'avoir des nouvelles de ses proches. Je n'ose pas dire à Hélène comment le pays est si peux accueillant. Je préfère lui dire que tout va bien et que ce n'est pas trop moche, alors qu'en réalité j'ai le cafard. Je me demande pourquoi je suis ici, seul avec mes inquiétudes. L'Américain qui m'accompagne est gentil, mais je ne le connais pas et il est peu bavard. Il me reste les Sherpas qui, eux, disparaissent dans chaque village. Où vont-ils ? Je le découvre avec la tournée des maisons de thé tibétaines. Celles-ci sont tellement nombreuses qu'ils vont de l'une à l'autre; retrouver les Sherpas dans ces conditions devient impossible.

15 avril 2005. Nous quittons enfin cet endroit pour nous rendre au village de Tingri à 4500 mètres d'altitude. Je croyais avoir tout vu mais je me trompais royalement. Le village borde la route au milieu de la poussière qui vient de partout. L'endroit est désertique et ressemble au *Far West*. Notre *lodge* est en terre battue et extrêmement humide. Dans la rue, j'ai joué au billard avec Thile, en plein air, sur une table qui était tout... sauf droite ! Quel endroit sinistre. La ville est pleine de chiens et un membre d'une expédition a été mordu hier. Depuis, on se promène avec des bâtons.

16 avril 2005. Nous sommes à la fin de la route au lieu appelé « camp de base chinois », un endroit désolé au milieu de nulle part, situé à 4800 mètres d'altitude. Il y vente continuellement et le sable du plateau tibétain s'incruste partout. Nous passons deux jours ici dans la poussière, mais nous sommes installés convenablement et j'ai enfin pu dormir dans ma tente. La journée du 17 avril est consacrée au repos et aux repas, et j'ai presque terminé mon premier livre. Mes sentiments sont partagés : j'ai hâte de gravir cette montagne, mais les miens me manquent et je suis pressé de les revoir.

18 avril 2005. Enfin nous pouvons marcher au lieu de subir l'inconfort de la jeep. Nous avons mis quatre heures pour atteindre le camp de « mi-chemin » ou *mid camp*. J'étais lent et je soupçonne un manque d'acclimatation, car depuis le début de l'aventure nous montons beaucoup trop souvent et rapidement avec la jeep. Par contre, je ne souffre d'aucun malaise et je me sens en pleine forme. Le camp de « mi-chemin » est un endroit désertique où l'on ne désire pas s'attarder. Heureusement, nous avons tout notre attirail : tentes, cuisine, salle à manger. Nous n'avons pas à utiliser les services offerts sur place dans deux tentes explorateurs aux allures douteuses.

19 avril 2005. Nous avons enfin atteint le camp de base du Cho-Oyu après huit jours d'approche, dont la majeure partie s'est effectuée en jeep. Le camp de base situé à 5600 mètres a été atteint après quatre heures de marche dans des conditions de vent épouvantables. Je peux observer le col du Nangpa La qui conduit au Népal. Difficile de croire que l'accès de ce col est interdit, puisque les traces de pas des Tibétains qui l'empruntent sont toujours visibles. Retourner par ce chemin nous conduirait en quelques jours au village de Namche Bazar au Népal. J'ai croisé un grimpeur qui redescendait de la montagne après une tentative manquée de l'atteinte du sommet tôt en saison. Il m'a dit de me méfier du vent qui est très dangereux sur le Cho-Oyu. C'est le problème de gravir cette montagne en dehors de la fenêtre de beau temps. Ma tentative aura lieu dans une fenêtre météorologique plus propice et je ne devrais pas avoir à affronter des vents trop violents.

Environ 10 expéditions partagent le camp de base, en comparaison du camp de l'Everest, celui-ci est vide. Je décide avec Rinji de prendre trois jours de repos en raison de notre montée rapide au camp de base. Notre corps a besoin de temps pour produire les globules rouges nécessaires à notre acclimatation. Nous profiterons de ce moment de répit pour nous installer confortablement et nous reposer de cette approche exténuante. De toute façon, Thile n'est pas ici, puisque j'ai dû le laisser au camp de base chinois pour régler quelques problèmes logistiques. Une partie du matériel est demeurée en bas, à cause d'un manque de yaks pour le transport. Cela est curieux car nous les avions réservés. Il semble que les autres expéditions aient le même problème que nous. Est-ce une façon de toucher plus d'argent des expéditions ? Thile nous rejoindra deux jours plus tard. J'ai dû débourser 400 $US pour obtenir les yaks manquants ou, devrais-je dire, disparus. Mais une semaine plus tard, un Tibétain m'apportera, de la part de Kili, une enveloppe contenant 400 $. Comment a-t-il fait pour m'expédier cet argent ici, à l'autre bout du monde ? J'avais déjà réglé Kili. De plus, comme il me l'expliquera au retour, le problème des yaks était le sien. Décidément, Kili est un chic type et je n'ai jamais eu de mauvaises surprises avec lui.

Je profite du repos pour installer ma tente et je pousse même le confort à l'extrême en construisant une terrasse en pierres plates à l'avant. J'installe les panneaux solaires sur la tente servant de salle à manger. Nous voilà donc avec de l'électricité pour recharger les batteries de la caméra, du téléphone satellite et des radios. Je n'utiliserai pas vraiment la tente salle à manger, car je préfère l'ambiance de la tente cuisine avec les Sherpas et la chaleur des brûleurs. Sur l'Everest, c'était différent puisque nous formions une grosse équipe. Ici, je partage la tente salle à manger avec le grimpeur Américain.

J'ai fait la rencontre d'une expédition très sympathique provenant de la Nouvelle-Zélande dont le leader n'est nul autre que Tashi Tenzing, le petit-fils de Tensing Norgay, le premier à avoir gravi l'Everest en 1953 avec sir Edmund Hillary. Tashi Tenzing est connu mondialement, faire sa rencontre est donc un privilège exceptionnel. C'est un homme fort gentil. Je remarque qu'il porte un chandail que je reconnais pour l'avoir vu sur une photo, prise au sommet de l'Everest, d'une revue que j'ai à la maison. Alors que je lui parle de mon idée d'effectuer une traversée intégrale de l'Everest en grimpant du coté tibétain et en redescendant par le Népal, Tashi me confie avoir le même projet. Nous échangerons nos cartes professionnelles lors de mon départ.

22 avril 2005. Nous partons pour le camp 1 à 6200 mètres d'altitude. Au début de la route, nous progressons le long d'un glacier peu accidenté et nous gagnons peu d'altitude durant la première heure et demie. La route devient tout à coup plus inclinée et nous avançons dans un pierrier où les roches roulent sous nos pieds. La montée au camp 1 s'effectue en chaussures de marche, ce qui devient davantage un trekking qu'une ascension. La dernière heure est difficile en raison de mon manque d'acclimatation qui me ralentit considérablement. À partir du camp 1, la neige et la glace remplacent la pierre et le sable, comme si quelqu'un avait tranché au couteau la ligne de démarcation. J'aurais préféré de la glace puisque le pierrier, instable, est difficile à la progression et que j'ai plus d'habiletés en terrain technique où tous mes sens sont en alerte. Nous avons mis cinq heures trente pour atteindre le camp 1, où nous laissons une tente et quelques provisions. Le vent est cinglant et je ne m'attarde pas trop longtemps, car je veux rejoindre le camp de base avant la tombée de la nuit.

23 et 24 avril 2005. Jours de repos, j'en profite pour me laver et me raser. Deux belles journées à lire et à écouter de la musique. J'ai filmé les Sherpas dans leurs activités quotidiennes. Mon but est de montrer qui ils sont et pourquoi je les estime tant. Ce sont des personnes extraordinaires qui ont de profondes valeurs familiales. Thile, par exemple, a fait l'Everest trois fois et s'occupe de ses parents, de sa sœur et de son frère. Ils vivent dans un village proche de Lukla sur la route de l'Everest. En septembre, il aide aux travaux des champs.

Les Sherpas font partie de l'Himalaya et les côtoyer est enrichissant. Avec Thile, j'élabore un plan. Gravir la montagne en deux assauts seulement. Nous planifions de laisser tomber le camp 3 et de partir du camp 2 pour atteindre le sommet. Nous discutons avec d'autres Sherpas ayant déjà effectué l'ascension du Cho-Oyu de cette façon, et nous décidons d'adopter cette dernière stratégie. Ce qui motive notre décision c'est l'arrivée d'un système météorologique qui apportera du mauvais temps sur la montagne, ce qui nous forcerait à attendre une à deux semaines. Moralement, je ne me sens pas en état d'attendre aussi longtemps dans un camp de base où rien d'intéressant n'est accessible à pied. Sur l'Everest nous avions la possibilité de nous rendre dans de superbes villages pour nous reposer et nous changer les idées. Ici, il n'y a nulle part où aller.

C'est donc décidé : nous grimperons vers le sommet à la deuxième tentative. Nous avons deux bouteilles d'oxygène pour pallier aux urgences, lesquelles nous monterons au camp 2, au cas où nous en aurions besoin. Une décision qui se révélera cruciale.

25 avril 2005. Départ pour le camp 1. Je me questionne sur la rapidité de cette ascension. Sommes-nous trop pressés ? La décision que nous avons prise est-elle la bonne ? La marche le long du glacier est toujours longue et ennuyeuse, puisque durant la première heure nous ne gagnons pas d'altitude. Je m'interroge sur la possibilité d'installer le camp de base plus loin, à l'endroit où la pente nous fait progresser en altitude. De cette façon, nous éviterions les aller et retour inutiles, ce qui permettrait de mettre l'énergie au bon endroit. Plus loin, la pente est toujours aussi inclinée et le pierrier toujours aussi instable. La progression est difficile car nos pieds glissent sur les rochers à tous les pas que nous faisons. Le camp 1 est atteint dans l'après-midi et la tente est aussitôt montée.

26 avril 2005. Début de la haute montagne. J'ai enfin des bottes d'altitude et des crampons aux pieds pour la première fois depuis le début de l'expédition. La progression est relativement facile dans la première section et rapidement j'atteins un mur de glace vertical d'environ 100 pieds. Il y a du monde et je discute avec des gens qui m'expliquent qu'ils sont ici dans le but de faire l'Everest dans un avenir rapproché. Ils redescendent et me confient avoir trouvé difficile cette paroi de glace. « Hum… me dis-je, attendez d'être dans la face du Lhotse de la voie normale de l'Everest ! Une pente de 3000 pieds de glace assez inclinée vous attendent ».

C'est mon tour de grimper. Comme il y a plusieurs cordes fixes, je me place à la suite d'un grimpeur italien assez maladroit. Il me lance de la glace sur la tête sans arrêt, laquelle n'est pourtant pas cassante, comme on dit dans le jargon de l'escalade. Je détecte une faible expérience de l'escalade de glace chez ce grimpeur. Comme si ce n'était pas assez, la tente qu'il porte sur son sac à dos tombe et vient buter contre ma tête avant de disparaître à tout jamais vers le bas d'une pente en contrebas.

J'en ai assez. Je le rattrape rapidement et lui dis poliment : « Ne bouge pas, je passe devant ». Lorsque j'atteins le haut de la paroi, l'Italien est redescendu au bas de la pente et ne semble pas savoir quoi faire. À chacun ses problèmes. Je ne comprends vraiment pas pourquoi des gens si peu expérimentés se lancent dans l'ascension de montagnes si hautes. Le Cho-Oyu n'est pas une montagne techniquement difficile, mais ce n'est pas un trekking ! J'ai atteint le camp 2 dans l'après-midi où j'ai préparé le camp pour une nuit à presque 7000 mètres. Un semblant de nuit puisque nous repartons vers 2 h du matin pour le sommet.

27 avril 2005. Départ à l'heure prévue. Il fait très froid. La première section consiste en une pente neigeuse inclinée à environ 35 degrés. Elle est parsemée de crevasses et, dans la noirceur, nous cherchons notre chemin en serpentant le long des abîmes, difficiles à détecter à cause de la neige. On prend deux heures pour franchir cette pente, car pour éviter les crevasses, on doit rebrousser chemin à plusieurs reprises pour trouver une route plus sécuritaire.

Généralement, cette section est traversée de jour et il est plus facile de s'y retrouver. La pente conduit à un éperon rocheux sur lequel est installé le camp 3. Mais nous, on ne fait que passer. Durant notre montée, nous avons vu des lumières provenant de ce camp. Au lever du soleil, on voit maintenant deux grimpeurs, plus haut sur la montagne, ayant probablement quitté le camp 3 au moment où nous progressions dans la pente en contre-bas. La montée est rapide et l'on atteint la paroi où sont toujours les deux grimpeurs. Il s'agit en fait d'un Sherpa et de son client, un homme qui ne semble plus très jeune. Ils sont pris au début de la barre rocheuse parce que le client semble avoir de la difficulté à franchir cette paroi technique qui s'étire sur quelques centaines de pieds.

Je passe devant et nous gagnons progressivement de l'altitude dans un couloir de roches et de neige. On décide d'équiper cette section du couloir avec des cordes fixes, ce qui facilitera notre retour et aidera le Sherpa et son client. Ensuite, les trop nombreuses cordes fixes, qui jalonnent le couloir, sont plus ou moins fiables et nous grimpons comme si elles n'y étaient pas.

Nous mettons finalement le pied sur la dernière pente avant le sommet. Nous sommes à presque 8000 mètres. Il est 8 h du matin. Plus que quelques centaines de mètres à franchir et encore aucune difficulté technique, seulement une pente barrée de quelques rochers. Il n'y a aucun vent et le soleil est radieux. Je viens de réaliser que le sommet nous attend et que tout est en place pour que nous réussissions.

Dans les dernières sections, j'ai remarqué que Thile prenait du retard dont j'ai attribué la cause aux difficultés techniques qui l'ont fait redoubler de prudence. Au moment où je commence à gravir la pente, Thile reste assis. Je me dis qu'il aura tôt fait de me rattraper et que j'ai intérêt à prendre de l'avance puisqu'il est si rapide. Il se met finalement en route, mais sa progression est lente. Nous continuons notre avancée et j'atteins alors la barre magique des 8000 mètres. Mais Thile est assis à nouveau. Je continue à progresser mais je remarque qu'il n'a toujours pas bougé. Je l'appelle. Aucune réaction. Il est assis, la tête posée sur ses genoux. Je l'entends tousser d'une façon qui n'augure rien de bon.

Je rebrousse chemin et, arrivé à sa hauteur, je remarque que son visage est transformé. Thile, d'habitude si souriant, a les traits tirés comme un homme qui souffre. Je l'interroge et il me dit avoir de la difficulté à respirer. En écoutant sa respiration, j'entends un sifflement comme si du liquide était présent dans ses poumons. Je suis trop bien formé pour ignorer les symptômes d'un début d'œdème pulmonaire. Cette maladie des montagnes peut être mortelle et le seul remède, c'est la descente.

Thile me dit qu'il n'a plus la force de continuer. Que faire ? Le sommet est si proche et si loin en même temps. Continuer seul est risqué pour moi. Et que fera Thile ? Il doit redescendre mais en aura-t-il la force ? Même si je fonce vers le sommet, j'en ai quand même pour plusieurs heures. Je rage. Échouer si près du but sur un sommet considéré comme une séance d'entraînement pour l'Everest. Tant d'effort et d'argent pour arriver ici et devoir retourner ! J'envisage différentes hypothèses, je calcule le temps nécessaire pour atteindre le sommet et je mesure le risque, pour Thile et pour moi, si je continue. Je rage.

Finalement, la logique prend le dessus et nous rebroussons chemin. Thile a de la difficulté à tenir sur ses jambes et il n'est pas question de le laisser seul. Il faut redescendre le plus rapidement possible. Nous entreprenons une longue et pénible descente jusqu'au camp 2, où Thile dormira sous oxygène et sous médication. Il aurait été préférable de continuer jusqu'au camp 1 ou jusqu'au camp de base, mais Thile n'en a plus la force. Heureusement, nous avons de l'oxygène. Sage décision de l'avoir emporté avec nous au camp 2. Dès le lever du soleil, on se met en route pour atteindre le camp de base en fin de journée. Nous avons pris soin de récupérer le matériel laissé au camp 1, soit une tente et quelques réchauds. Sylvain, mon météorologue, m'avait prédit du vent et de la neige abondante pour l'après-midi du 28 avril. Au départ du camp 1, nous avons un soleil merveilleux, le vent se lève et la neige commence à tomber. Je suis épaté par la justesse de ses prévisions. Les rafales atteignent 30 nœuds, il est temps de décamper. Nous plions bagage le 29 avril. Après 11 jours sur la montagne, nous quittons le camp de base et atteignons Katmandou le lendemain, soit le 30 avril.

De cette expédition, je retiens une chose : la vie d'un être humain vaut plus que n'importe quel sommet. Les événements ont fait en sorte que le sommet n'était plus l'objectif visé. Nous étions en situation de survie. Et, en haute altitude, la ligne est mince entre une situation bien maîtrisée et la tragédie.

Fatigué, j'étais un peu déçu mais très heureux de rentrer chez moi. Le retour fut agréable. Cette fois il n'y a pas eu de comité d'accueil, seuls Hélène et mes parents étaient présents. Ça me convenait parfaitement, c'est tout ce dont j'avais besoin.

Ce que la montagne m'a appris

La montagne m'a appris beaucoup. Lorsqu'on croit avoir atteint ses limites, on se découvre des ressources insoupçonnées, une force plus grande que ce que l'on avait imaginé. J'ai découvert la persévérance, le désir d'atteindre le sommet, de surmonter les obstacles et de triompher, malgré les difficultés. J'ai découvert la vie, si précieuse, mais tellement acquise que nous en oublions son caractère éphémère. Nous pensons à la vie lorsque nous sommes confrontés à la mort. J'ai trouvé le désir de vivre en confrontant la mort sur l'Everest. Pourquoi la haute montagne ? Pour mieux vivre ma vie sur le plancher des vaches. C'est dans les hauts lieux de la terre que je trouve des réponses à mes questions

Je me demande parfois si tout ça en vaut la peine. Tant de travail, tellement de risques, à quoi bon. Une fois reposé, je me dis que ça en vaut la peine. De plus, je ne veux pas avoir de regrets plus tard et me dire : j'aurais donc dû ».

Je ne regrette rien. Au contraire, je suis comblé. Je suis allé jusqu'au bout de mon rêve. J'aurais pu ne pas réussir et, malgré tout, j'aurais été heureux car, au moins, j'aurais essayé. Je ne suis pas téméraire et jamais je ne mettrai ma vie en danger pour quelque conquête que ce soit. Mais je suis persévérant. Je ne me laisse pas abattre au moindre obstacle, ce qui fait toute la différence entre la réussite et l'échec. Une façon de vivre qui ne s'applique pas qu'à l'Everest !

Mario Dutil, Claude St-Hilaire, merci d'avoir partagé avec moi cette belle aventure. Comme on le disait si bien : « Nous sommes les trois mousquetons. Un pour tous et tous pour un ! ».

Annexe

Le mal des montagnes et les changements physiologiques en altitude extrême.

par Pascal Daleau, PhD

Le mal des montagnes est une pathologie provoquée par la diminution de la pression atmosphérique qui se produit au fur et à mesure que l'on monte en altitude. En conséquence de cette diminution globale de pression, chacun des gaz qui composent l'air voit à son tour sa pression respective (appelée pression partielle) diminuer. Ainsi, la pression partielle d'oxygène de l'air diminue, bien que celui-ci occupe toujours une proportion d'environ 21 %. C'est cette réduction d'oxygène de l'air qui est à l'origine du mal des montagnes.

Le mal des montagnes est resté longtemps un mal mystérieux qui est malheureusement encore présent pour un bon nombre de grimpeurs, à leur détriment. Pourtant, cela fait plus d'un siècle que des médecins et physiologistes tentent d'élucider ce problème. En fait, on peut dire à l'heure actuelle que l'on commence à avoir une idée assez précise des mécanismes, qui sont très probablement à l'origine du mal des montagnes, et des comportements efficaces qu'il faut avoir lors de du développement de ce mal. Le terme médical que l'on emploie pour cette pathologie est « mal aigu des montagnes », ou MAM, en opposition au mal des montagnes chronique dont nous ne parlerons pas ici.

De nombreux alpinistes et *trekkers* présentent des symptômes du MAM. Certaines études ont montré que cette proportion atteint 50 % aux environs de 4000 mètres. Il faut cependant savoir que ce mal reste tout à fait bénin pour une très large majorité des grimpeurs. Cependant, dans certains cas, généralement à cause d'une ignorance sur la conduite à suivre, la situation peut s'aggraver au point de présenter un risque éventuel de décès. Nous ne rentrerons pas dans les détails sur les causes et le traitement du MAM dans ce chapitre. Une approche détaillée sera présentée dans un autre ouvrage dédié spécifiquement à ce sujet et qui sera réalisé prochainement, dans le but d'améliorer les connaissances du personnel médical conseil, des *trekkers* et des alpinistes.

En bref, les symptômes du MAM incluent classiquement des maux de têtes qui s'aggravent généralement pendant la nuit, des nausées pouvant aller jusqu'aux vomissements, une perte d'appétit, une grande fatigue, des étourdissements et des troubles importants du sommeil. Un certain nombre de ces symptômes peuvent également résulter d'autres facteurs, comme une fatigue excessive, une déshydratation ou un stress psychologique. Il faut donc surveiller l'association de plusieurs symptômes et faire un suivi continu de la situation pour dépister le déclenchement du MAM. Une persistance dans l'ignorance ou le refus de reconnaître la situation peut conduire à une dégradation de la santé du grimpeur pouvant l'empêcher de progresser, y compris dans la descente. L'œdème cérébral de haute altitude (OCHA) est réputé pour être le stade ultime du MAM et présente un risque élevé de mortalité. L'œdème pulmonaire de haute altitude, bien que présentant des mécanismes différents de ceux du MAM et de l'OCHA, est lui aussi un trouble de l'acclimatation devant lequel il faut réagir sans délai et en connaissance de cause.

Le contexte de ce chapitre est bien entendu celui de l'expédition Everest 2004 qui a été une réussite pour les trois alpinistes québécois : Maxime Jean, Mario Dutil et Claude Saint-Hilaire. J'ai eu le privilège de contribuer au succès de ce superbe projet, ayant été le conseiller en médecine de haute altitude de l'équipe. La connaissance de la haute montagne est une clé majeure au succès d'une telle entreprise; celle des réactions physiologiques et pathologiques de notre organisme est tout aussi essentielle; de même que la connaissance technique de l'itinéraire; et celle de l'autonomie totale. Pour une expédition en altitude extrême, les connaissances classiques sur le MAM ne suffisent pas. En Himalaya, la zone qui commence approximativement à 7000 mètres (celle-ci dépend de la latitude, de la saison et éventuellement de variations plus rapides de la pression atmosphérique) est communément appelée la « zone de la mort ».

La « zone de la mort » est appelée ainsi car l'homme ne peut y survivre plus de quelques jours. L'oxygène se fait si rare qu'il provoque une détérioration de l'organisme, lequel tente alors essentiellement de produire des réactions de survie. Cette dégradation inclut en particulier des changements importants d'humeur, des insomnies majeures, un essoufflement au moindre effort et un bilan énergétique fortement négatif.

Le bilan énergétique (ou bilan calorique) correspond à la différence entre l'énergie qui entre dans le corps, essentiellement sous la forme d'aliments, et celle qui est fournie par l'organisme, comme le maintien de la température corporelle, l'oxygénation des organes vitaux, le mouvement des muscles essentiels à la respiration et l'effort musculaire nécessaire à la poursuite de l'ascension. D'autres éléments incontrôlables viennent s'ajouter pour amplifier ce déséquilibre comme une perturbation de la production de l'hormone thyroïdienne et de l'hormone qui contrôle l'appétit, appelée leptine. L'une des conséquences de ce bilan négatif est la perte de poids (incluant la masse musculaire) qui peut être parfois rapide.

Une caractéristique principale de la tentative d'acclimatation en altitude extrême est l'hyperventilation pulmonaire qui correspond à une augmentation importante du rythme et de l'amplitude respiratoires. Sans trop entrer dans les détails, nous possédons à différents endroits de notre système nerveux, des « capteurs » qui analysent en permanence les contenus en oxygène et en gaz carbonique de notre sang. Il existe un mécanisme équilibrant de manière très précise le contenu de ces gaz dissous dans le sang : 1) une réduction du taux d'oxygène stimule bien entendu la respiration pour rétablir sa concentration; et 2) une réduction du taux de gaz carbonique, conséquence de l'hyperventilation, va au contraire réduire le stimulus d'origine nerveuse et autonome de la respiration. Ces mécanismes opposés sont en lutte permanente, ce qui perturbe profondément la physiologie humaine.

Les alpinistes et le milieu spécialisé en médecine de haute altitude sont toujours à la recherche d'indices qui permettraient de prédire les capacités de chacun à atteindre des altitudes extrêmes. Cependant, compte tenu du fait des difficultés logistiques et physiques à réaliser des mesures de qualité sur des alpinistes à ces altitudes, les études ont été réalisées en nombre limité. Certains pensent, par exemple, qu'une hyper-réactivité de la respiration à une réduction d'oxygène (ou hypoxie, un test qui peut être réalisé dans un laboratoire de physiologie médicale) permet d'atteindre des valeurs très élevées de rythme et d'amplitude respiratoire, ce qui augmenterait les chances d'atteindre des altitudes extrêmes. D'autres études, par contre, ont montré qu'une hypo-réactivité de la respiration à une réduction d'oxygène permet de conserver une réserve qui peut accroître la capacité respiratoire au-delà de 8000 mètres, un élément qui semble déterminant pour le succès de l'ascension. Ce que l'on peut dire à l'heure actuelle, c'est qu'il n'existe aucun élément indiscutable qui permette de prédire les capacités d'acclimatation aux altitudes extrêmes.

Les autres facteurs importants pour la survie en hypoxie extrême et le succès d'une expédition en très haute altitude comprennent principalement : un décalage de la courbe de saturation en oxygène de l'hémoglobine, la vitesse de diffusion de l'oxygène des alvéoles pulmonaires vers les capillaires sanguins et une limitation des rythmes cardiaques et respiratoires.

L'oxygène peut atteindre des concentrations sanguines élevées grâce à la présence d'un élément bien connu : l'hémoglobine. Cette molécule est présente à l'intérieur des globules rouges et fixe l'oxygène, notamment grâce à l'atome de fer qui lui est associé. Il se trouve que la quantité maximum d'oxygène que l'hémoglobine peut fixer dépend non seulement de la pression partielle de ce gaz dans le sang, mais aussi du pH, c'est-à-dire de l'acidité sanguine. L'acidité du sang est elle-même contrôlée par un processus d'équilibre chimique appelé « tampon bicarbonate », ce dernier étant lui-même dépendant de la concentration en gaz carbonique dans le sang. Cela peut sembler un peu compliqué… mais au bout du compte, notre intensité respiratoire est un facteur qui régule l'acidité sanguine, donc la capacité de l'hémoglobine à fixer l'oxygène. Le résultat de tout cela c'est que plus on respire vite et profondément, comme c'est le cas à fortiori en très haute altitude, plus l'hémoglobine peut fixer de l'oxygène. Mais pour bénéficier de cet avantage, il faut réduire les arrêts lors de l'ascension… Cela favorise surtout les alpinistes qui choisissent d'aller à l'assaut des plus hautes montagnes de la terre en style dit « alpin ». C'est en grande partie grâce à ce phénomène que certains gravissent l'Everest en moins d'une demi-journée à partir du camp de base !

Dans nos poumons, la surface de contact entre les alvéoles pulmonaires et les capillaires sanguins est suffisamment importante pour ne pas présenter de limite quant à la quantité d'oxygène, qui peut diffuser de l'air de nos poumons vers le sang, même lors d'efforts très intenses effectués au niveau de la mer. Par contre, en altitude extrême, la réduction de la pression partielle d'oxygène au niveau des petits sacs alvéolaires des poumons associée à une vitesse élevée de la circulation sanguine dans les capillaires pulmonaires empêche l'hémoglobine de se charger en oxygène de façon optimale. Autrement dit, les globules rouges ne restent pas suffisamment de temps à l'interface entre l'air des poumons et le sang pour permettre à l'hémoglobine de fixer tout l'oxygène dont elle pourrait se charger. On ne peut évidemment pas changer ces paramètres qui sont complexes et caractéristiques de chaque individu.

Un autre phénomène intéressant et particulièrement évident en très haute altitude est la limite de la fréquence cardiaque. Alors que la fréquence cardiaque peut atteindre environ 180 battements par minute (bpm) lors d'un effort maximum au niveau de la mer (cette valeur diminuant progressivement avec l'âge), celle-ci est réduite à 140 bpm, et même moins, à une altitude dépassant 6000 mètres. Bien que ce phénomène limite la capacité de l'effort maximum, on peut le considérer plutôt comme un mécanisme de protection permettant au cœur de ne pas fournir un effort trop important en situation d'hypoxie. Cette dernière situation pourrait le mettre lui-même en conditions critiques pouvant déclencher des troubles arythmiques graves.

Il y a finalement la limite de la fréquence respiratoire maximale à l'effort. Il ne faut pas oublier que les muscles mis en jeu lorsque nous respirons (intercostaux et diaphragme) consomment bien entendu eux aussi de l'oxygène. Au sommet de l'Everest, le travail fourni par les muscles de la respiration peut s'élever jusqu'à 2/3 de la totalité de l'oxygène respiré ! La limite de la fréquence respiratoire en haute altitude peut être attribuée d'une part à la fatigue de muscles, tel le diaphragme, et d'autre part à l'équilibre des débits sanguins entre les différents organes. Le débit sanguin dans les organes est ajusté par une régulation du diamètre des vaisseaux sanguins.
Lors d'un effort intense et en particulier en très haute altitude, le débit sanguin au niveau des muscles squelettiques permettant la progression doit être éventuellement réduit à cause de l'augmentation nécessaire de travail demandé aux muscles de la respiration. Ainsi, l'intérêt d'une forte réponse respiratoire pour maintenir une oxygénation adéquate lors d'un exercice en haute altitude est en partie restreint par l'énorme besoin relatif d'énergie nécessaire pour respirer... Cet équilibre doit faire face à une extraordinaire demande en oxygénation des muscles mis en jeu pour la progression (jambes) et ceux de la respiration (poumons). Étant donnée la demande poussée à l'extrême sur un tel système de régulation, il n'est pas étonnant que cela puisse aboutir à une condition pathologique.

Pour conclure, j'aimerais ajouter quelques mots sur un sujet qui peut être tabou pour certains : celui de l'utilisation d'un supplément d'oxygène pour atteindre des sommets généralement compris entre 7500 et 8850 mètres.

Il faut comprendre que les risques de mortalité sont nettement plus élevés sans supplément d'oxygène, souvent à cause du jugement altéré des alpinistes. Il est connu et prouvé que l'état mental dans lequel se trouvent les alpinistes à des altitudes supérieures à 8000 mètres est fortement détérioré. Les récits d'alpinistes chevronnés ayant commis des erreurs majeures de jugement ou de comportement (comme l'oubli d'un piolet) ne sont pas rares. L'utilisation d'un supplément d'oxygène permet aux alpinistes de gagner probablement deux ou trois cents mètres en altitude (à cause de facteurs importants de mélange de l'oxygène entre le détendeur et les cavités nasales), mais il leur permet surtout à une grande partie d'entre eux de revenir sains et saufs. Il faut aussi considérer que les masques utilisés en haute altitude ne sont pas faits pour la marche (ils ne permettent pas de voir où l'on pose les pieds) et obligent l'alpiniste à un effort supplémentaire pour respirer (à cause des pressions nécessaires à l'ouverture des valves d'inspiration et d'expiration).

Chacun est libre d'utiliser ou de ne pas utiliser un apport complémentaire d'oxygène, mais à mon avis, celui d'un montagnard aguerri, cela n'enlève absolument rien au mérite d'une victoire sur un 8000…

Le Dr Pascal Daleau est professeur à l'Université Laval et chercheur à l'Institut de cardiologie de Québec. Il est aussi membre de la Commission d'expéditions de la Fédération québécoise de la montagne et de l'escalade.

Table des matières

Mise en page et typographie :
Empreinte numérique

Achevé d'imprimer en octobre 2006
sur les presses de K2 impressions à Québec
pour le compte des Éditions Espaces